D0753470

A'Qi a kitchen dialogue

ARNOLD HANBUCKERS | KAREN KEYGNAERT

stichting kunstboek

A'Qi

A flowering flower is fascinating
Qi, the Force making the plant flower, is even more fascinating

...

Een bloem die bloeit is boeiend
Qi, de Kracht die de bloem doet bloeien is nog boeiender

...

Une fleur qui fleurit est fascinante
Qi, la Force qui fait fleurir la fleur est encore plus fascinante

A'Qi

It's difficult to describe the dynamics in our kitchen ...

It is organically grown from two worlds that at one point came together and evolved toward a close collaborative whole.

Arnold was born into the profession; he is yet another generation in a series of cooking human beings. He thinks, feels and breaths food. He starts from a gut feeling and has very little need for external incentives.
In addition, he can rely on many years of experience; he has absorbed many kitchens and other cultures by using them. It is stuck in his head; he creates it and it is delicious. Period.

In his time he was one of the pioneers who wanted to get away from the soup spoon culture at that time. Yes, it was quite a performance to make the ultimate form of 'Flemish style asparagus', but he was able to do so. Whilst asleep, if he needed to. But, it was a greater performance to colour outside the lines, because no one had had the courage to question the large institution, which is gastronomy, so far. Sure, there were white ravens, but they were rare. He wanted something different and if the right ingredients for his wild fantasies were not readily available, he cultivated them himself. Anything for the profession.

Karen appeared somewhere on that road. Arnold was her teacher in the kitchen and, by doing so, she made his style her own. But, as it is with pupils who are skilful in the profession, she soon developed her own ideas about things. Of course, she wasn't born without a spine. And she came from a graphic environment that continues to play a role in her thinking, in the way she looks at things and in coming up with solutions.

She needs matter to create. There are feelings, smell and colour matches between the raw materials. She gathers everything and then, like a painter, brings the white cloth to life. That's the way it's done. As such, she is an achiever in a number of disciplines. Painting, making jewellery, or an endless search for that one correct piece for her home; being creative is in her nature. But, cooking is her great love and all those other things are softly translated into the kitchen. Creating masterpieces that are spot-on in terms of colour, shape and taste.

Bring us together and we'll do great things: we complement each other, we question things and delve ever deeper in order to come to a finished result. Because, about one thing we are in complete agreement: two heads are better than one. Furthermore, we have been working together for so long now that we understand each other with only a few words. We have found a natural rhythm that suits us both.
And that feels good.

And then there is Tomas, our latest offspring and third musketeer. Driven, a natural talent and a perfectionist when it comes to precision. He is fully in line with our thoughts and has been a huge help in creating this book.

De dynamiek in onze keuken beschrijven is moeilijk.

Die is namelijk organisch gegroeid uit twee werelden die op een bepaald ogenblik samenkwamen en evolueerden naar een nauw samenwerkend geheel.

Arnold werd in het beroep geboren, hij is de zoveelste generatie in een reeks 'kokende medemens'. Hij denkt eten, voelt eten, ademt eten. Gerechten worden in zijn hoofd geboren, hij droomt ze zelfs. Hij vertrekt dan ook vanuit een buikgevoel, heeft weinig externe prikkels nodig. Hij kan bovendien vertrouwen op vele jaren ervaring, vele keukens en andere culturen maakte hij zich al doende eigen. Het zit in zijn hoofd, hij maakt het en het is heerlijk. Klaar.

Hij was in zijn tijd één van de pioniers die wou afstappen van de toenmalige paplepelcultuur.
Ja, het was een prestatie om de ultieme vorm van 'asperge à la flamande' te maken, en dat kon hij ook. Slapend als het moest. Maar het was een grotere prestatie om buiten die lijntjes te kleuren, want niemand had tot dan toe het lef gehad om het grote instituut dat de gastronomie toen was in vraag te stellen. O ja, er waren witte raven, maar ze waren dun gezaaid. Hij wou iets anders, en als de juiste ingrediënten voor zijn wilde fantasieën niet hapklaar voorhanden waren, kweekte hij ze desnoods zelf. Alles voor het vak.

Ergens op die weg kwam Karen erbij.
Arnold was haar leermeester in de keuken en al doende maakte zij zich zijn stijl eigen. Maar zoals dat gaat met leerlingen die zich in een vak bekwamen, had ze al snel een eigen mening over de dingen. Natuurlijk, ze is tenslotte geen weekdier.
En ze kwam uit een grafisch milieu, dat speelt nog altijd mee in haar denken, in de manier waarop ze naar de dingen kijkt en oplossingen bedenkt.

Ze heeft materie nodig om te creëren.
Tussen de grondstof zijn, voelen, ruiken, kleuren matchen. Alles rond zich verzamelen en dan als een schilder het witte doek te lijf gaan. Al doende dus. Zo is ze, een doener, in tal van disciplines. Schilderen, juweeltjes maken of ellenlang zoeken naar dat ene juiste stuk voor haar interieur, creatief bezig zijn is haar natuur. Maar koken is haar grote liefde, en al die andere dingen vertaalt ze vlotjes naar de keuken. Kleine bouwwerkjes maken die qua kleur, vorm en smaak helemaal goed zitten.

Breng ons samen en we doen geweldige dingen: we vullen elkaar aan, stellen dingen in vraag en gaan er steeds dieper op in om tot een afgewerkt resultaat te komen. Want over één ding zijn we het roerend eens, met twee weet je meer dan alleen. Bovendien werken we ondertussen zo lang samen dat we elkaar verstaan met weinig woorden. We hebben een natuurlijke cadans gevonden die ons beiden ligt en goed afgaat.

En dan is er Tomas, onze jongste telg en derde musketier. Gedreven, een natuurtalent en een perfectionist als het op precisie aankomt.
Hij zit helemaal mee in onze gedachtestroom en was een enorme hulp bij het maken van dit boek.

Le dynamisme de notre cuisine... difficile de le décrire

Il s'agit du développement organique de deux univers qui se rejoignent, pour évoluer vers un ensemble résolument en interaction.

Arnold est littéralement né dans le chaudron de la profession. On ne compte plus les générations de ceux qui ont « cuisiné pour leurs prochains » qui l'ont précédé. Il pense, sent, respire la nourriture. Il part toujours d'une sensation dans l'estomac. Il lui faut peu de stimuli externes. De plus, il peut s'appuyer sur de nombreuses années d'expérience. Les mets s'assemblent dans sa tête, se réalisent sous ses doigts et se font délices dans l'assiette.

En son temps, il était l'un des pionniers qui désiraient se démarquer de la cuisine traditionnelle. Et oui, c'était un tour de force de réaliser des asperges à la flamande sous leur forme ultime, un tour de force à sa portée. En dormant debout, s'il le fallait. Mais on s'incline devant sa façon de progresser hors des sentiers battus car, dans ces années-là, personne n'avait le culot de remettre en cause l'institution imposante appelée gastronomie. Il y avait bien quelques individus qui traversaient hors des clous, mais ils étaient rares. Arnold, lui, aspire à autre chose. Et s'il n'a pas sous la main les ingrédients exacts qui lui permettent de confectionner ses fantaisies les plus extrêmes, il les cultive lui-même.

En cours de route, Karen le rejoint. Elle fait son apprentissage chez Arnold. Elle s'imprègne de son style, dans la pratique. Mais, comme cela arrive souvent à des élèves qui se perfectionnent dans une profession, elle se fait rapidement son opinion. Elle vient du graphisme, un domaine qui modèle toujours sa pensée, la manière qu'elle a de considérer les choses et de cogiter sur les solutions.

Pour créer, il lui faut de la matière. Se mouvoir dans la matière première, sentir, respirer, marier les couleurs. Rassembler tout ce dont elle a besoin et inventer, comme un peintre devant la toile blanche. Imaginer dans l'action. Telle est sa nature, dans nombre de disciplines. Mais son grand amour, c'est la cuisine. Tous les autres domaines, elle les traduit dans un mouvement fluide devant le plan de travail, les fourneaux. Sa spécialité, c'est de réaliser de petits montages parfaits, tant au niveau de la couleur que de la forme et de la saveur.

A nous deux, nous créons des plats formidables. Nous nous complétons, nous remettons des choses en question, les approfondissons jusqu'à ce que le résultat soit impeccable.
Car nous sommes d'accord sur un point : deux têtes valent mieux qu'une. En outre, nous collaborons depuis si longtemps que nous nous comprenons au doigt et à l'œil. Nous avons trouvé un rythme naturel, qui nous convient à tous les deux et nous permet de produire d'excellents résultats.

Et puis, il y a Tomas, notre fils cadet, le troisième mousquetaire. Il a de l'ambition, un talent spontané et un caractère perfectionniste dès qu'il s'agit de précision. Il se fond entièrement dans notre esprit, notre mentalité, et nous a énormément aidés dans la réalisation de cet ouvrage.

« *Tomas Puype, Arnold Hanbuckers en Karen Keygnaert*

NATURE - CULTURE

'The only source which never fades is the inspiration which comes from nature' 'Painter'

--- **'Painter' by Paivi Kaarina** ---

Nature, our greatest source of inspiration. Nowhere else do we find a richer source of colour, flavour, shape and smell. The beautiful pattern that emerges when you cut through a red cabbage, just to mention one thing.
A supplier that unexpectedly trods along with a fruit that we have never seen before; wonderful. Then it starts working in our heads. That is when we want to get started with it; to release our experience and feeling for forms to emphasize the beauty even more; in order to make something belong to us and to stimulate all senses. That gives new ideas from which many others will follow. A little fish that is really beautiful in its natural form that we scarcely dare touch. However, it must be done, so we try to translate that natural beauty into our eating culture. With as little fuss as possible; only the most necessary. Find a plant that moves us and we want to know what it is at all costs and whether or not it is edible. And to create a dish with that gives twice as much satisfaction.

But, that is not all. We also cross that line outside the kitchen by doing long forest walks; feeling of admiration in every season for the strength that lies in that endless perpetual motion to grow, prosper and settle again.
The thoughtless watching of the diversity of birds in the winter that fight for the last little apples that still hang in our trees. Going out to the sea and watching the dog run into the waves. Finding a tree in the early spring that has a tendency to show leaves, while the rest still does not show any sign of life and becoming very happy about it. Pure fun. For us, a pure form of serendipity, because the best ideas come at such a time: when nothing is real and we find ourselves in the middle of nature's force.

Culture and art: also something that we still can't live without. Even though at that level we have a totally different taste, we have the need to keep our minds open; not to become clouded; in order not to get stuck in our own little kitchen. Occasionally making ourselves do things that have nothing to do with our profession; to air ourselves: that gives a fresh outlook. Museum, exhibition, antiques markets, theatre. All those things we store and that we remind ourselves of for later use.

'Art is the only serious thing in the world, the artist the only person who is never serious'

--- **Oscar Wilde** ---

This is the beginning. All the ingredients are present in order to do fine things with food. Because that is what it comes down to. We talk about eating culture, not about eating nature. To call cooking an art is a bridge too far. Let us speak of culture.

It is therefore important to achieve a certain flow in our cooking between the fact that nature itself is beautiful, but that our culture requires that one does not put rough and unprocessed food in front of us. People who go to restaurants expect us to do something with food that they cannot do, or something which in itself is too complicated to do oneself.
What concerns us is the raw material. As a chef you have the luxury to work with the best products. You select your suppliers, demand more and better, until you get the very best. Then you have gold in your hands; pure, fresh, beautiful. You do not fiddle around with it unnecessarily. The trick is to analyse the basic ingredients in order to expose their best assets. It is crucial to, with a minimum of intervention, arrive at a maximum possible taste; aesthetics; an all-encompassing experience. You lift nature to a higher level with a small injection of culture. Well, that is our profession and that is what we play with. On one hand, a piece of meat should be a piece of meat: identifiable and treated with the proper respect. Moreover, meat of an animal that is farmed with respect.
On the other hand, people expect added value. After all, appearance does matter. On that level we can afford some frivolousness. With our experience and sense for beautiful things, we surround that piece of meat with different flavours, shapes, textures; just enough not to dethrone the major player. On the contrary: in order to make him stand out! To offer people that "wow" factor while they still have the feeling that it is 'only' a piece of meat. In order to put people on the wrong track, and on closer reflection, pleasantly surprise them. We want to stimulate their imagination, but not by shocking them. So, while playing with it, we still stay within the perimeters of a serious profession.

NATUUR - CULTUUR

'La seule source qui ne tarit jamais est l'inspiration qui vient de la nature'

--- **'Painter' by Paivi Kaarina** ---

De natuur, onze grootste inspiratiebron dus. Nergens anders vinden wij een rijkere bron aan kleur, smaak, vorm, geur. Het prachtige patroon dat tevoorschijn komt als je een rode kool doorsnijdt, om maar iets te noemen.

Een leverancier die onverwachts komt aandraven met een groente die we nog nooit gezien hebben, heerlijk. Dan begint het bij ons te werken in ons hoofd. Dat maakt dat we daarmee aan de slag willen, er onze ervaring en gevoel voor vorm op loslaten om die schoonheid nog meer tot haar recht te laten komen, om er iets van ons van te maken, er alle zintuigen mee te prikkelen.
Dat geeft weer nieuwe ideeën waaruit tal van andere zullen volgen. Een visje dat eigenlijk zo mooi is in zijn natuurlijke vorm, waar we amper aan durven raken. Toch moet het, dus dan proberen wij om die natuurlijke pracht te vertalen naar onze eetcultuur. Met zo weinig mogelijk gepruts, alleen het hoogst nodige. Een plantje vinden dat ons ontroert en dan kost wat kost willen weten wat het is en of het al of niet eetbaar is. Daar dan een gerecht mee maken, geeft dubbel zoveel voldoening.

Maar dat is niet alles. Ook buiten onze keuken trekken wij die lijn door. In de vorm van lange boswandelingen, in ieder seizoen de bewondering voelen voor de kracht die schuilt in dat eindeloos perpetuum van groeien, bloeien en terug tot rust komen. Het gedachteloos kijken naar de verscheidenheid aan vogels die in de winter vechten om die laatste wilde appeltjes die nog in onze boompjes hangen. Uitwaaien aan zee en de hond in de golven zien rennen. In de vroege lente een boom vinden die al neiging tot blaadjes vertoont terwijl er voor de rest nog geen teken van leven is, en daar blij van worden. Puur plezier. Voor ons een pure vorm van serendipiteit, want de beste ideeën komen op zo'n moment, als niks echt moet en we ons midden in het natuurgeweld bevinden.

Cultuur, kunst, nog zoiets waar we niet buiten kunnen. Ook al hebben we op dat vlak een totaal andere smaak, we hebben het nodig om onze geest open te houden, om niet te verstarren. Om niet vast te roesten in ons eigen kleine keukentje. Onszelf af en toe opladen aan dingen die niets met ons vak te maken hebben, dat lucht op, geeft een frisse kijk. Museum, tentoonstelling, antiekmarktjes, theater. Allemaal dingen die we opslaan en waar we het onze van onthouden. Voor later gebruik.

NATURE – CULTURE

'Art is the only serious thing in the world, the artist the only person who is never serious'

--- **Oscar Wilde** ---

Nu goed, daarmee begint het. Alle ingrediënten zijn dan aanwezig om met voeding mooie dingen te doen. Want dat is het uiteindelijk. We spreken van eetcultuur, niet van eetnatuur. Koken kunst noemen is een brug te ver. Laten we van cultuur spreken.

Zaak is dus om in ons koken een zekere flow te bereiken tussen het feit dat de natuur prachtig is an sich maar dat onze cultuur vereist dat men zijn voedsel niet ruw en onbewerkt voorgezet krijgt. Mensen die op restaurant gaan, verwachten dat wij iets met eten doen dat zij niet kunnen, of iets wat op zich te bewerkelijk is om er zelf aan te beginnen. Wat ons bezighoudt, is het basisproduct. Als kok heb je de luxe om met de mooiste producten te werken. Je selecteert je leveranciers daarop, eist meer en beter, net zolang tot je het allerbeste krijgt. Dan heb je goud in handen, puur, vers, prachtig. Dan ga je daar niet onnodig aan prutsen. De kunst is basisingrediënten te ontleden om zo hun mooiste troeven bloot te leggen. Dan is het cruciaal om met een minimum aan ingrepen tot een zo maximaal mogelijke ervaring aan smaak, esthetiek, beleven en totaalgebeuren te komen. Met een kleine injectie cultuur til je de natuur naar een hoger niveau. Wel, dat is ons vak, daarmee spelen wij. Enerzijds moet een stuk vlees een stuk vlees blijven, herkenbaar en met de juiste egards behandeld, bovendien van een dier dat met respect gekweekt is. Anderzijds verwachten mensen meerwaarde, het oog en de geest willen ook wat. Op dat vlak kunnen wij ons dan enige frivoliteitjes veroorloven. Met onze bagage en gevoel voor mooie dingen bouwen we rond dat stuk vlees een erehaag van toegevoegde smaken, vormen, texturen, net genoeg om de hoofdspeler niet van zijn troon te wippen, integendeel, om hem meer te laten stralen. Om mensen die wow-factor te bieden terwijl ze toch het gevoel hebben dat het 'maar' een stuk vlees is. Om mensen op het verkeerde been te zetten en bij nader inzien aangenaam te verrassen. Mensen laten denken door hun verbeelding te prikkelen, niet door ze te choqueren. Spelen dus, binnen de lijnen van een serieus vak.

'La seule source qui ne tarit jamais est l'inspiration qui vient de la nature'

--- **'Painter' by Paivi Kaarina** ---

La nature, notre principale source d'inspiration. Elle est le fournisseur le plus riche en couleurs, saveurs, formes, parfums. Voyez le motif superbe qui apparaît lorsque l'on coupe un chou rouge en deux, par exemple. Il y a le bonheur quand un fournisseur se présente avec un légume que nous n'avons jamais vu avant et qui nous fait réfléchir. Nous voulons traiter ce nouveau venu dare-dare. Lui appliquer notre expérience, notre science, notre goût de la forme, pour mettre en valeur sa beauté au maximum. Nous l'approprier, pour qu'il stimule tous les sens. Ce qui génère de nouvelles idées, qui en produiront à leur tour quantité d'autres. Prenez un poisson dont la forme naturelle est si belle, que nous osons à peine y toucher. Pourtant, il le faut. Nous essayons donc de couler cette splendeur naturelle dans le moule de notre culture culinaire. En fignolant le moins possible. Imaginez que l'on trouve une plante qui nous émeuve. Nous souhaitons découvrir à tout prix ce que c'est, si elle est comestible. L'incorporer dans un plat double la satisfaction de la découverte.

Mais on ne se borne pas à cela. Hors de la cuisine, nous procédons de même. Dans de longues randonnées en forêt. Nous nous laissons submerger, chaque saison, par notre admiration devant la force qui anime le cycle infini de la croissance, de la maturation et du retour au calme. Nous observons à l'infini les espèces d'oiseaux qui, l'hiver, luttent pour picorer les dernières Malus, les dernières petites pommes oubliées dans nos pommiers. Nous nous baladons à la mer, le nez au vent, avec le chien qui se précipite dans les vagues. Aux prémices du printemps, nous voilà le cœur en joie devant l'arbre qui est sur le point de présenter des bourgeons quand le reste de la nature ne manifeste pas encore le moindre signe d'éveil. Pour nous, il s'agit d'une forme pure de sérendipité, car les meilleures idées naissent à ces moments-là, quand nous ne sommes soumis à aucune obligation et que nous nous laissons envahir par la puissance de la nature.

L'art, la culture, voilà deux éléments auxquels nous ne pouvons nous soustraire. Même si, dans ces domaines, nous avons des goûts totalement différents. Nous en avons besoin pour garder l'esprit ouvert, ne pas nous figer, ne pas rouiller dans notre petite cuisine. Recharger nos batteries de temps en temps en nous plongeant dans des secteurs qui n'ont rien à voir avec notre métier. Cela fait souffler un vent frais dans la tête et sur les fourneaux. Musées, expositions, marchés aux puces, théâtre, autant de domaines qui nous ressourcent l'âme. Où nous puisons de l'inspiration. Pour une application future.

« L'Art est la seule chose sérieuse au monde, l'artiste est la seule personne qui n'est jamais sérieuse »

--- **Oscar Wilde** --

C'est le point de départ. Tous les ingrédients sont là, prêts à se laisser convertir en belle nourriture. Car ten gastronomie, il s'agit de culture, pas de nature. Qualifier la cuisine d'art, c'est trop s'avancer. Parlons donc de culture.

Pour nous, l'objectif est d'atteindre en cuisine une certaine fluidité avec la splendeur de la nature en tant que telle. Mais notre culture exige de ne pas servir la nourriture crue, sans préparation. Les gens qui se rendent au restaurant attendent de nous que nous fassions avec la nourriture quelque chose qu'ils sont incapables de réaliser, ou qui est trop compliqué à préparer soi-même. Nous nous concentrons en priorité sur le produit de base. En tant que cuisiniers, nous disposons du luxe de manier les plus beaux produits. C'est en fonction de cela que l'on sélectionne les fournisseurs, que l'on exige toujours plus et mieux, jusqu'à obtenir ce qu'il y a de meilleur. On a de l'or dans les mains, des produits purs, frais, magnifiques. Pas question de chipoter inutilement. L'art, c'est de décliner les ingrédients de base de manière à révéler leurs meilleurs atouts. Il est crucial d'atteindre – avec un minimum d'interventions – l'expérience la plus complète au niveau de la saveur, de l'esthétique. Il suffit d'une modeste injection de culture pour élever la nature à un rang supérieur. C'est notre métier, le mode d'intervention avec lequel nous jonglons. D'une part, le morceau de viande qui doit rester ce qu'il est, reconnaissable et traité avec les égards dus à son rang, sans compter qu'il provient d'un animal élevé avec respect. D'autre part, les personnes attendent une plus-value. En effet, le plat doit aussi flatter l'œil, aguicher l'esprit. De ce côté, nous pouvons nous permettre quelques petites frivolités. Grâce à notre savoir, à notre sens des belles choses, nous érigeons autour de la pièce de viande une haie d'honneur de saveurs, de formes, de textures ajoutées. Juste de quoi maintenir l'acteur principal sur son trône, de le magnifier, de le glorifier. Le but, c'est d'offrir au public la surprise, sans pour autant lui faire perdre la sensation de manger de la viande. De dérouter le convive pour mieux l'étonner agréablement. De s'adresser à son imagination, pas de le choquer. Il s'agit donc de jongler, de jouer, mais dans le cadre sérieux d'un métier.

EAST-WEST

With 'La Douce France' as neighbour and the solid foundation of Escoffier we can, of course, not deny the fact that we, as a country, have a rich tradition in the field of gastronomy. Descended from people who ate well and who ate often. That would be a serious form of denial. This sense of excellence is interwoven in our kitchen and we cannot ignore it. Because good things need to have a strong foundation in order to not just be hot air and because this is our nature; this snug nest in which we were born.

But, of course, there is more.

We live in a culture of change. Faster, better, newer, one trend after another. Each generation adds things and lets others go. The world is a village and impulses come from everywhere. Today you're in and tomorrow you're forgotten. In such a culture we believe it is important to maintain a style of your own. To chase after each fashion like a madman is not an option. Because, that is what it is: chasing after it. There are two choices: either you set the trend, or you participate in it. And then you're always a little too late.

What we are doing is translating the strong foundation of the tradition into our own story. There are influences, of course; we do not wear blinkers and we are curious. Simply because it can always be better, faster and newer.
There are trendsetters who rise above the masses that make you think: by God, he is doing a really good job! They highlight the technique in our profession from a totally different perspective and thus create great new opportunities. Bring it on. We can only learn from it. We'll work with it, but in our own way and without losing sight of our principles.

So, what is our style?

Above all, we decide what is going to happen. In fact, everyone who loves to cook should think that way. That is why this cookbook is not a standard one with measures and weights.
Any chef who takes a quick look at the picture can translate it into his or her own style. Cooking comes from the heart; therefore no text and explanation are necessary.

Now, the world is also our village.

A culture we admire and that inspires us is the Asian culture. The Asian people also have a sturdy well-founded eating culture. Different from our own, there is no doubt about it, but with a solid foundation. More than with us, it is about feeding the people in the literal sense. No nonsense of overfull dishes oozing with calories.

Just pure products with the proper nutritional value that look great and are easily digestible, depending on the creativity of the chef, of course.

A culture of mainly vegetables, out of necessity due to the lack of money, or due to sheer admiration of all living creatures. Also fast; their tradition of doing a lot with very little in a very rudimentary way is admirable.
Just think of the street food and the surprising flavours resulting from it. Fresh, healthy products that can be served quickly.

They have a deep respect for the things that they create. You can already see this by the way they package things. Extremely precise in shape and content. Their art is also very modest, sophisticated and carefully thought through. There is no line or colour too much; everything is just right and precise.

We try to integrate all these aspects into our deep-rooted principles. Lightness and well-founded frivolity; shapes kept demure, but to the point. We strive to satisfy the inner person on more than one level.

This also reflects the name we chose for our restaurant. Qi, the energy of life. The power that ensures that our whole nature will continue to flow, over and over again. Nature is the basis in which everything is connected with one another and therefore also places the human beings in relationship to everything. That is why, in the Oriental world, there is a stronger link between the various generations; the emphasis is more on emotions. There is a profound respect for nature. The Asians look at nature to discover relations instead of analysing them, which is more the Western way.
From this vision comes the traditional approach of curing disease by means of customised nutrition.

We obviously don't want to take it to that level. It is not our intention to create a spa and to pretend that we do so only for the sake of health. Because, that is when our Western side pops up. It has to taste good as well, of course, and has to be healthy too. So, in our kitchen we say 'no' to all of the additions that we think of as normal. Preservatives, colour, smell, taste, all synthetic resources of the wholesale industry are not getting in. This is the first source of quality control for us; the label. If it contains too many bad-type E-values, even if the product itself still looks promising, it is a no-go for us. Or, take tuna for example, which has become an endangered species due to over-fishing. We then cancel tuna and look for alternatives, such as hamachi (yellowtail kingfish), a fish that is similar to tuna, but can already be farmed.

It all boils down to a constant give and take. A lot of us with a little of them; in some cases reversed. That is a form of discovery and a playing field for us that we cannot miss.

OOST-WEST

We kunnen natuurlijk niet naast het feit dat ons land op het vlak van gastronomie een rijke traditie heeft. Met La Douce France als buurland. De stevige basis van Escoffier. Afstammen van een volk dat goed, graag en veel at. Dat zou een serieuze vorm van ontkenning zijn. Dus goed, dat zit verweven in onze keuken, dat kan niet anders en dat willen we ook niet naast ons neerleggen. Omdat goede dingen een stevig fundament nodig hebben om niet zomaar gebakken lucht te zijn. Omdat dit onze natuur is, het behaaglijke nest waarin we geboren zijn.

Maar er is natuurlijk meer.

We leven in een cultuur van verandering. Sneller, beter, nieuwer. Trends en stromingen volgen elkaar razendsnel op. Iedere generatie voegt dingen toe en laat andere weg. De wereld is een dorp en impulsen komen van overal. Vandaag ben je in en morgen ben je vergeten. In zo'n cultuur is het volgens ons belangrijk om vast te houden aan een eigen stijl. Als een bezetene iedere mode achternahollen is geen optie. Want dat is het, achternahollen. Er zijn twee keuzes: of je zet de trend, of je gaat erin mee. En dan kom je altijd net na de feiten.

Wat wij doen, is het stevige fundament van de traditie vertalen naar ons eigen verhaal.
Er zijn invloeden, natuurlijk, we hebben geen paardenbril op en zijn nieuwsgierig. Want het kan altijd beter, sneller, nieuwer. Er zijn van die trendsetters die boven de massa uitstijgen, waarvan je denkt: verdraaid, die is goed bezig. Zij belichten de techniek in ons vak van een totaal andere kant waardoor er geweldige nieuwe mogelijkheden ontstaan. Bring it on, we kunnen er alleen maar van leren. Wij doen de vrije vertaling. Zonder ons fundament uit het oog te verliezen.

Goed, onze stijl dus.

We laten ons vooral geen regeltjes voorschrijven. Eigenlijk zou niemand die met plezier achter het fornuis staat dat moeten doen. Vandaar dat u hier ook geen standaard 'kookboek' krijgt. Met maten en gewichten. Een beetje kok ziet in een oogopslag het plaatje en kan daar dan zijn eigen ding mee doen. Koken komt vanuit de buik, daarbij heb je geen tekst en uitleg nodig.

Nu, de wereld is ook ons dorp.

Een cultuur waar wij met bewondering naar kijken en veel inspiratie uit putten, is de Aziatische. Ook zij hebben een stevig gefundeerde eetcultuur. Anders dan de onze, zoveel is zeker, maar met een stevige basis. Meer dan bij ons gaat het hen om de mens voeden in de letterlijke betekenis. Geen bacchanalen van overvolle schotels druipend van de calorieën. Wel pure producten met de juiste voedingswaarde die mits de creativiteit van de chef in kwestie mooi ogen en licht verteerbaar zijn.

Een cultuur van vooral groenten, uit noodzaak wegens geldgebrek of uit verering van ieder levend wezen. Snel ook, hun traditie

ORIENT-OCCIDENT

van met weinig veel doen op een heel rudimentaire manier is bewonderenswaardig.
Denk maar streetfood en de verrassende smaken die daaruit voortvloeien. Verse, gezonde producten die snel kunnen worden geserveerd.

Ze hebben een diep respect voor de dingen die ze maken, dat merk je alleen al aan de manier waarop ze dingen verpakken. Heel erg punctueel naar vorm en inhoud. Ook hun kunst is heel ingetogen, verfijnd en overdacht.
Er staat geen lijn of kleur te veel op, alles is heel erg juist, precies.

Deze aspecten proberen wij te rijmen met onze oerklei. Lichtheid en gegronde frivoliteit, vormen ingetogen houden maar wel to the point. De innerlijke mens voeden op meer dan één niveau.

Dat zit ook vervat in de naam de we kozen voor ons restaurant. Qi, de levensenergie, de stroom die ervoor zorgt dat onze hele natuur blijft draaien, steeds opnieuw. De natuur is de basis waarin alles in verbinding staat met elkaar en dus ook de mens plaatst ze in verbondenheid met alles. Daarom is er in de Oosterse wereld een stevigere band tussen de verschillende generaties, ligt de nadruk er eerder op emoties, is er een diepgeworteld respect voor de natuur. De Aziaten bekijken de natuur om verwantschappen te ontdekken niet om die te analyseren, wat meer de Westerse manier is. Vanuit deze visie stamt de traditionele werkwijze bij het genezen van ziektes door middel van aangepaste voeding.

Zo ver willen wij natuurlijk niet gaan.
Het is niet onze bedoeling om een kuuroord te zijn en te pretenderen dat wij het enkel voor de gezondheid doen. Want daar komt ons Westerse kantje weer om de hoek kijken. Het moet ook wel lekker zijn natuurlijk. Maar evengoed gezond. Dus neen aan alle bij ons zo normaal bevonden toevoegingen. Bewaar, kleur, geur, smaak, alle synthetische middelen van de grootindustrie, ze komen er niet in. Dat is voor ons een eerste bron van kwaliteitscontrole, het etiket. Als dat te veel van de slechte soort E-waardes bevat, mag het product op zich er nog zo veelbelovend uitzien, voor ons is het een no-go. Of neem tonijn, door overbevissing zowat een bedreigde diersoort geworden. Dan schrappen wij tonijn en zoeken we naar alternatieven zoals hamachi (Yellowtail kingfish), een vis die verwant is met tonijn maar wel al kan worden gekweekt.

Het komt uiteindelijk neer op een constant geven en nemen. Veel van ons met een beetje van hen, in sommige gevallen omgekeerd.
Dat is voor ons een vorm van ontdekken en een speelgebied dat we niet kunnen missen.

Naturellement, il n'est pas question de nier la riche tradition gastronomique de notre pays, voisin de « La Douce France ». Une tradition solidement étayée par Escoffier. Pour les descendants d'un peuple qui aime bien et beaucoup manger. Ce serait une négation grave des coutumes. Notre cuisine est pétrie de cette tradition, c'est inévitable. D'ailleurs, nous ne souhaitons pas faire l'impasse sur cette richesse. Car les bonnes choses exigent une base solide, pas une improvisation au petit bonheur la chance. Telle est notre nature, le nid douillet dans lequel nous sommes nés.

Mais il y a plus, bien sûr.

Nous vivons dans une culture du changement. Plus vite, mieux, plus neuf. Tendances et courants se succèdent à un rythme vertigineux. Chaque génération ajoute des éléments, en supprime. Le monde est un village. Des impulsions proviennent de tous les coins. Aujourd'hui, vous êtes en vogue, demain on vous a oublié. Dans cette culture, nous estimons qu'il est important de nous attacher à un style qui nous soit propre. Pas question de se précipiter sur les traces de chaque mode qui passe. Car c'est bien de cela qu'il s'agit, d'une course effrénée. De là, deux options se dessinent : créer la tendance ou s'y fondre. Et avoir toujours un train de retard.

Quant à nous, nous nous appliquons à traduire le fondement solide de la tradition dans notre propre cuisine. Il y a des influences, bien sûr. Nous n'avons pas d'œillères. Nous sommes curieux. En effet, on peut toujours faire mieux, plus vite, plus neuf. Il y a ceux qui lancent les tendances, qui s'élèvent au-dessus de la masse, dont on pense : mazette, ils ont trouvé la bonne voie. Ils jettent sur les techniques de notre métier un éclairage venant d'un angle totalement différent, qui fait naître de nouvelles possibilités formidables. Qu'ils nous épatent, nous ne pouvons qu'en prendre de la graine. Nous traduisons librement. Sans perdre de vue nos bases.

En d'autres termes, notre style.

Pas question de nous laisser prescrire des règles. En fait, aucun des amoureux, des virtuoses des fourneaux ne devrait se laisser imposer quoi que ce soit. D'où le fait que nous ne vous présentons pas un « livre de cuisine » classique, avec poids et mesures. Quiconque possède un peu la passion des fourneaux identifiera d'un coup d'œil les ingrédients sur la photo et parviendra à reconstituer la recette à sa façon. Cuisiner est affaire d'estomac. Explications et texte sont superflus.

Le monde est aussi notre village.

La culture asiatique. Une culture que nous considérons avec admiration, dans laquelle nous puisons force inspiration. Les Asiatiques aussi possèdent une culture alimentaire qui repose sur des bases solides. Différentes des nôtres, bien sûr, mais solidement étayées. Chez eux plus que chez nous, il s'agit de nourrir l'homme, au sens propre du terme. Pas question de bacchanales, d'assiettes débordant de calories. Mais des produits purs, aux justes valeurs nutritives. Selon la créativité du chef. Cette nourriture flatte l'œil et se digère facilement.

La culture asiatique fait la part belle aux légumes. Par nécessité, faute d'argent ou par vénération de tout être vivant. Leur tradition de faire vite et beaucoup avec peu de matière première, de manière fort rudimentaire, est remarquable. Voyez le streetfood (alimentation de rue) et les saveurs surprenantes qu'il distille. Des produits frais, sains, que l'on peut servir en un tournemain.

Ils ont un respect profond des mets qu'ils réalisent. Cela se remarque dès l'emballage. Très précis, à la fois pour la forme et le contenu. Leur art fait aussi preuve d'énormément de retenue, de raffinement, de réserve. Pas une ligne, pas une couleur de trop. Tout est exactement à sa place.

Ces aspects, nous nous efforçons de les faire rimer avec les produits de notre terroir. Légèreté et frivolité fondées, de la retenue dans les formes mais avec les points sur les « i ».
Nourrir l'homme, à plus d'un niveau.

Cela se reflète aussi dans le nom que nous avons choisi de donner à notre restaurant.
Qi, l'énergie vitale, le flux qui fait tourner toute la nature, sans cesse, encore et encore. La nature, c'est la base. Tout y est lié. L'homme aussi est en relation avec l'ensemble. C'est pourquoi, dans le monde oriental, il y a un lien solide entre les différentes générations. L'accent y est plutôt mis sur les émotions. Il y a un respect profondément ancré envers la nature. Les Asiatiques observent la nature pour découvrir des liens de parenté, pas pour l'analyser, ce qui est plutôt une attitude occidentale. Cette vision est à l'origine des méthodes traditionnelles pour guérir les maladies à l'aide d'une alimentation appropriée.

Nous ne pousserons pas le bouchon aussi loin, bien entendu. Nous n'avons ni l'intention de nous profiler en tant que station thermale ni de prétendre que nous ne cuisinons qu'en fonction de la santé. C'est notre caractère occidental qui vient montrer le bout du nez. Les plats doivent être savoureux, c'est sûr. Mais aussi sains.
Nous disons donc non à tout ce que l'on ajoute et que l'on trouve si normal. Pas question d'agents conservateurs, de colorants, parfums, saveurs synthétiques de l'industrie de masse. Nous ne les incorporons pas. L'étiquette est notre premier contrôle de qualité. Le produit a beau sembler très prometteur, s'il contient trop de valeurs E nocives, pas question que nous nous en servions. Ou le thon, devenu une espèce menacée à cause de la surpêche. Eh bien, nous rayons le thon et nous cherchons des alternatives, comme le hamachi (la sériole chicard), un poisson apparenté au thon mais dont on sait déjà pratiquer l'élevage.

Finalement, il s'agit toujours de donner et de prendre. Beaucoup de nous, un peu d'eux. Dans certains cas, c'est l'inverse. Pour nous, il s'agit de découverte et d'une aire de jeux qui nous est indispensable.

Bread tubs

Duck liver mousse

Prickly pear jelly

Sugar croquant with black pepper

Lemon grass *(Cymbopogon citratus)*

Soy/dashi sauce

Rose buds

White pimpernel flower *(Sanguisorba tenuifolia)*

Double chamomile flower *(Anthemis nobilis)*

Broodkuipjes

Mousse van eendenlever

Gelei van kweepeer

Suikerkrokant met zwarte peper

Citroengras *(Cymbopogon citratus)*

Soja/dashisaus

Rozenknopjes

Bloem van witte pimpernel *(Sanguisorba tenuifolia)*

Bloem van dubbele kamille *(Anthemis nobilis)*

Pain modelé en petites coupelles

Mousse de foie gras de canard

Gelée de coing

Croquant de sucre au poivre noir

Citronnelle *(Cymbopogon citratus)*

Sauce soja/dashi

Boutons de roses

Fleur de pimprenelle à fines feuilles *(Sanguisorba tenuifolia)*

Fleur de camomille romaine *(Anthemis nobilis)*

North sea crab

Balls of mango, daikon root, cucumber and radish

Jelly of citrus fruit

Cornflower *(Centaurea cyanus)*

Lemon verbena *(Lippia citriodora)*

Sweet Cicely *(Myrrhis odorata)*

Marigold *(Calendula officinalis)*

Noordzeekrab

Bolletjes mango, daikonwortel, komkommer en radijs

Gel van citrusvruchten

Korenbloem *(Centaurea cyanus)*

Citoenverbena *(Lippia citriodora)*

Roomse kervel *(Myrrhis odorata)*

Goudsbloem *(Calendula officinalis)*

Crabe de la Mer du Nord

Petites boules de mangue, de radis blanc japonais (daïkon), de concombre et de radis

Gel d'agrumes

Centaurée bleuet *(Centaurea cyanus)*

Verveine citronnée *(Lippia citriodora)*

Cerfeuil musqué *(Myrrhis odorata)*

Souci officinal *(Calendula officinalis)*

Dried jelly of squid ink filled with cream of Calamansi *(Citrofortunella microcarpa)*, a hybrid of mandarin and lime with a fine aroma.

Tobiko: eggs of the Japanese flying fish *(Cheilopogon agoo)*

Lime, pelé à vif, lime zest

Hazel tree blossoms *(Corylus avellana)*

Sweet chilli pepper

Ingedroogde gelei van inktvisinkt gevuld met crème van calamansi *(Citrofortunella microcarpa)*, een hybride van mandarijn en limoen met een fijn aroma.

Tobiko: eitjes van de Japanse vliegende vis *(Cheilopogon agoo)*

Limoen, pelé à vif, limoenrasp

Katjes van hazelaar *(Corylus avellana)*

Zoete chilipeper

Gelée déshydratée d'encre de calamars fourrée de crème de calamondins/oranges d'appartement *(Citrofortunella microcarpa)*, un hybride de mandarine et de citron vert à l'arôme raffiné.

Tobiko : œufs de poisson volant japonais *(Cheilopogon agoo)*

Citron vert pelé à vif, zeste de citron vert

Chatons de noisetier *(Corylus avellana)*

Piment doux

Lisette (young mackerel)
Red bell peppers, lightly caramelised
Daikon root
Green tea jelly
Coconut milk
Mango
Ginger sauce/green tea

Lisette (jonge makreel)
Rode paprika, licht gekonfijt
Daikonwortel
Gelei van groene thee
Kokosmelk
Mango
Saus van gember/groene thee

Lisette (jeune maquereau)
Poivron rouge, légèrement confit
Radis blanc japonais, daïkon
Gelée de thé vert
Lait de coco
Mangue
Sauce de gingembre/thé vert

Tubs of white chocolate caramel

Caramelised pineapple

Coconut Mousse

Mandarin Cream

Kumquat

Passion fruit/yuzu jellies

Lemon verbena *(Lippia citriodora)*

Kumquat and yuzu are two of the many types of citrus fruit from Asia. They add a fresh note to this dish, which is also supported by the fine aroma of lemon verbena and the mandarin cream.

Kuipjes karamel van witte chocolade

Gekonfijte ananas

Kokosmousse

Mandarijncrème

Kumquat

Passie/yuzugelei

Citoenverbena *(Lippia citriodora)*

Kumquat en yuzu zijn twee van de vele soorten citrusvruchten die uit Azië komen. Ze brengen een frisse toets in dit gerecht, wat nog ondersteund wordt door het fijne aroma van de citroenverbena en de mandarijncrème.

Coupelles en caramel de chocolat blanc

Ananas confit

Mousse de noix de coco

Crème de mandarine

Kumquat

Gelée de fruit de la passion/yuzu

Verveine citronnée *(Lippia citriodora)*

Le kumquat et le yuzu sont deux des nombreuses variétés d'agrumes en provenance d'Asie.
Ils apportent une touche de fraîcheur à ce plat, soulignée par l'arôme subtil de la verveine citronnée et de la crème de mandarine.

Vernis shells

Daikon root

Rock shrimp pâté
(Pandalus platyceros)

Dried parsley juice

Turmeric sauce

Parsley sauce

Young shoots of bronze fennel
(Foeniculum vulgare 'Rubrum')

Purple deadnettle
(Lamium purpureum)

Vernis schelpjes

Daikonwortel

Pastei van rotsgarnaal
(Pandalus platyceros)

Ingedroogde peterseliejus

Kurkumasaus

Peterseliesaus

Jonge scheuten bronzen venkel
(Foeniculum vulgare 'Rubrum')

Paarse dovenetel
(Lamium purpureum)

Coquillages vernis

Radis blanc japonais, daïkon

Pâté de crevettes tachetées
(Pandalus platyceros)

Jus de persil déshydraté

Sauce de curcuma

Sauce de persil

Jeunes pousses de fenouil rouge
(Foeniculum vulgare 'Rubrum')

Lamier pourpre
(Lamium purpureum)

Vernis shells

Scallop Tartare

Wakame

Sea bass, marinated in a infusion of pickle vinegar and shiso leaves

Parsley-garlic-sorbet

Konbu shirotororo or white konbu:
Dried wafer-thin threads which you get by peeling off the outer (green) layers of the Shiroita-seaweed to the clearer layer. Afterwards it is further minutely peeled to the soft core. This soft core is pickled, put in layers, pressed and then the sides are shaved. This results in a high concentration of umami with a fluffy-like texture.

Vernis schelpjes

Tartare van coquilles

Wakame

Zeebaars, gemarineerd in een infusie van pickle azijn en shisobladeren

Peterselie-look-sorbet

Konbu shirotororo of witte konbu:
gedroogde, flinterdunne draden die je krijgt door de buitenste (groene) lagen van de Shiroita-alg af te pellen tot op de blekere laag. Daarna wordt die minutieus verder afgepeld tot op de zachte kern. Die zachte kern wordt gepekeld, op lagen gelegd, geperst en vervolgens worden de zijkanten geschaafd. Dit resulteert in een hoge concentratie aan umami en een wolkachtige textuur.

Coquillages vernis

Tartare de coquilles

Wakame *(algue comestible)*

Bar, mariné dans une infusion de saumure de vinaigre et de feuilles de shiso

Sorbet persil-ail

Konbu shirotororo ou konbu oboro :
il s'agit de filaments superfins, séchés, que l'on obtient en épluchant les couches externes (vertes) de l'algue shiroita jusqu'à la couche qui est plus pâle. Ensuite, on pèle l'algue minutieusement jusqu'au noyau tendre. Ce noyau tendre est mis en saumure, disposé en couches, pressé. Puis, on rabote les côtés. Ce qui donne une haute concentration en umami et une texture « nuageuse ».

Carpaccio of beef
Crab pie
Roasted onion
Coconut
Carpaccio of sea bass
East Schelde smoked eel pie
Lime zest
Sour cream
Passion fruit jelly
Sweet Cicely *(Myrrhis odorata)*, flowers and leaves

Carpaccio van rundsvlees
Pastei van krab
Gebrande ui
Kokos
Carpaccio van zeebaars
Pastei van gerookte Oosterscheldepaling
Limoenrasp
Zure room
Passievruchtengel
Roomse kervel *(Myrrhis odorata)*, bloemen en blaadjes

Carpaccio de bœuf
Pâté de crabe
Oignon grillé
Noix de coco
Carpaccio de bar
Pâté d'anguille fumée de l'Escaut Oriental
Zeste de citron vert
Crème aigre
Gel de fruit de la passion
Fleurs et feuilles de cerfeuil musqué *(Myrrhis odorata)*

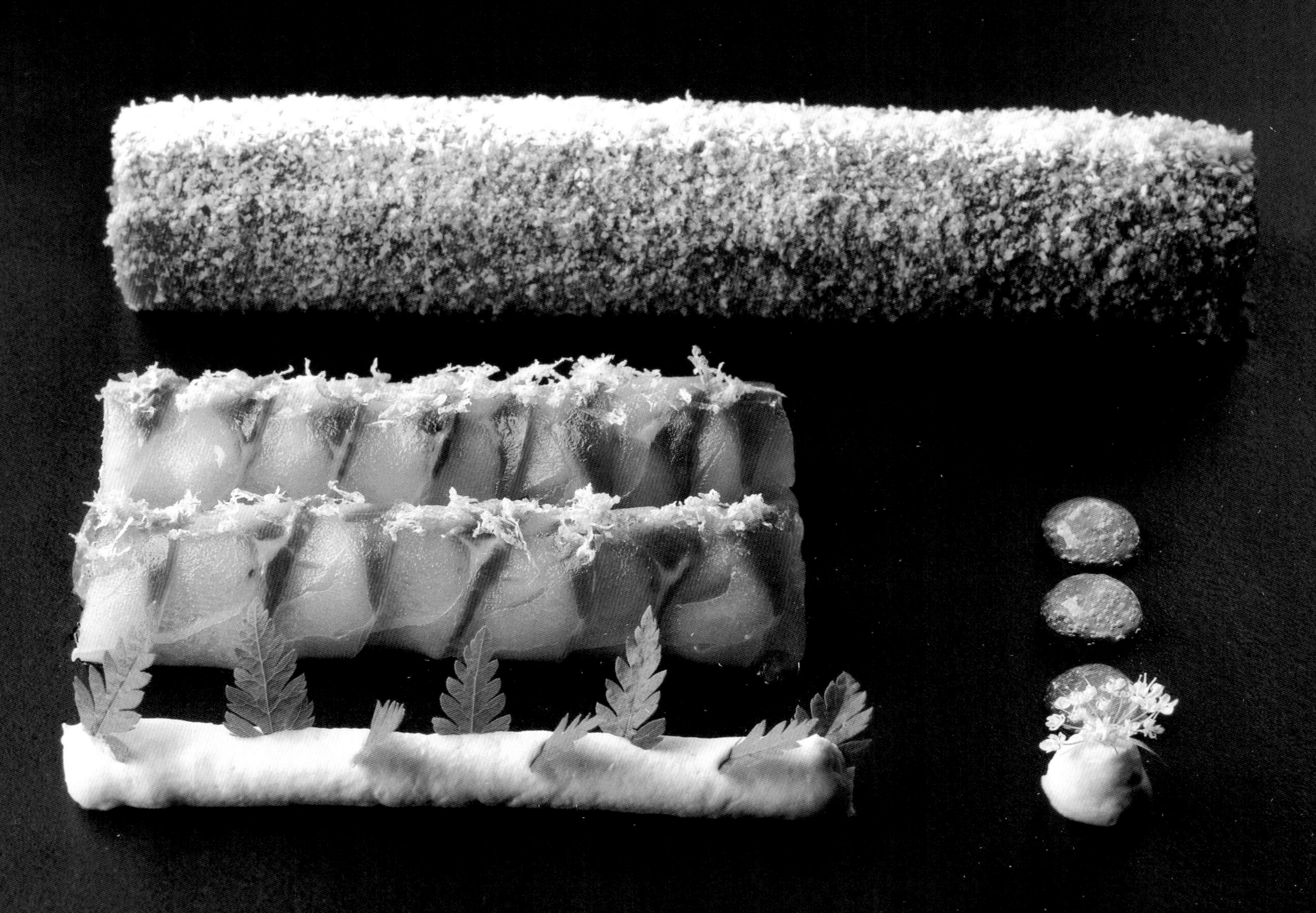

Tentacle stuffed squid

Internal shell of the squid

Roe of sea-hedgehog

Sauce of turmeric, bell pepper, ginger/green tea

Inktvisjes gevuld met farce van de pootjes

Inwendige schelp van de inktvis

Kuit van zee-egel

Saus van kurkuma, paprika, gember/groene thee

Petits calamars farcis de leurs tentacules

Coque intérieure du calamar

Frai d'oursins

Sauce de curcuma, paprika, gingembre/thé vert

Glazed veal cheek

Wafer of rice crispy with nigella *(Nigella damascena)* and powder of baked onion, cream of sardines

Pomegranate

Vanilla powder

Dried safflower blossoms *(Carthamus tinctorius)*: safflower is a highly branched-chain, one-year old, thistle style plant which can grow up to 80-120 cm high. At first the flowers are saffron yellow and then discolour to red. Traditionally, safflower was grown because of the yellow and red dye that could be obtained from the flowers.

Syrup of mirin, wasabi and ponzu

Fennel Green

Gelakte kalfskaak

Galette van rijstkrokant met nigella *(Nigella damascena)* en poeder van gebakken ui, crème van sardines

Granaatappel

Vanillepoeder

Gedroogde saffloerbloemen *(Carthamus tinctorius)*: saffloer is een sterk vertakte, eenjarige, distelachtige plant die 80-120 cm hoog wordt. De bloemen zijn eerst saffraangeel en verkleuren dan rood. Van oudsher werd saffloer verbouwd vanwege de gele en rode kleurstof die uit de bloemen gewonnen kan worden.

Siroop van mirin, wasabi en ponzu

Venkelgroen

Joue de veau laquée

Galette de croquant de riz avec de la nigelle de Damas *(Nigella damascena)*, de la poudre d'oignon frit et de la crème de sardines

Grenade

Vanille en poudre

Fleurs de safran des teinturiers séchées : *(Carthamus tinctorius)* le safran des teinturiers est une plante fortement ramifiée, annuelle, proche des chardons, qui peut atteindre entre 80 et 120 cm de haut. D'abord, les fleurs sont jaune safran, puis elles virent au rouge. On cultive le safran des teinturiers depuis la nuit des temps pour la couleur jaune et rouge que l'on tire de ses fleurs.

Sirop de mirin, wasabi et ponzu

Verdure de fenouil

Raspberry sugar filled with lime sorbet

Wild strawberries

Pomelo

Raspberries tuile

This dish was originally prepared with Japanese wine berries. Unfortunately, the season is not what it should be, too little sun, so there are no wine berries. Or at least not of the quality we are looking for. Hop, rethink and choose something else in its place. Wild strawberries in this case. That is another facet that characterises our kitchen.

Frambozensuiker gevuld met sorbet van limoen

Bosaardbeitjes

Pomelo

Frambozentuile

Dit gerecht was oorspronkelijk met Japanse wijnbessen. Helaas, het seizoen is niet wat het moet zijn, te weinig zon, dus er zijn geen wijnbessen. Of toch geen exemplaren die onze goedkeuring kunnen wegdragen. Hop, herdenken en iets anders in de plaats kiezen. Bosaardbeitjes in dit geval. Dat is nog een facet dat onze keuken typeert.

Sucre de framboise fourré de sorbet au citron vert

Fraises des bois

Pomelo

Tuile de framboise

A l'origine, ce plat était réalisé avec des ronces du Japon (Rubus phoenicolasius). Malheureusement, les caprices de la saison, un manque de soleil... donc, pas de ronces du Japon. Du moins, ceux que nous trouvons ne méritent pas notre approbation. Il s'agit de réfléchir à un ingrédient qui les remplace. Ici, nous avons opté pour des fraises des bois. Voilà une facette de plus qui caractérise notre cuisine.

'Apple'	'Appel'	« Pomme »
Caramelised apple 'Jazz'	Gekonfijte appel 'Jazz'	Pomme « Jazz » confite
Duck liver mousse	Mousse van eendenlever	Mousse de foie gras de canard
Vanilla stick	Vanillestokje	Gousse de vanille
Strawberry balls	Bolletjes aardbei	Petites boules de fraises
Lemon vinaigrette	Citroenvinaigrette	Vinaigrette de citron

English	Nederlands	Français
Seafood salad	Salade van zeevruchten	Salade de fruits de mer
Razor shell *(Ensis magnus)*	Scheermes *(Ensis magnus)*	Couteaux *(Ensis magnus)*
Cockles *(Cerastoderma edule)*	Kokkels *(Cerastoderma edule)*	Coques blanches *(Cerastoderma edule)*
Periwinkles *(Littorina littorea)*	Kreukels *(Littorina littorea)*	Bigorneaux *(Littorina littorea)*
Tellinas *(Donax trunculus)*	Tellines *(Donax trunculus)*	Haricots de mer *(Donax Trunculus)*
Tomato jelly balls	Bolletjes tomatengelei	Petites boules de gelée de tomate
Baked tofu	Gebakken tofu	Tofu frit
'Hair' of red bell pepper	'Haar' van rode paprika	Filaments de poivron rouge
Ginger sauce/green tea	Saus van gember/groene thee	Sauce de gingembre/thé vert

Dried coconut milk

Apricot compote /yuzu

Duck Liver

Bouquet of Herbs:
Ribwort Plantain *(Plantago lanceolata)*
Bronze fennel *(Foeniculum vulgare 'Rubrum')*
French Sorrel *(Rumex scutatus)*
Red orach *(Atriplex hortensis)*
White pimpernel *(Sanguisorba tenuifolia)*
Red deadnettle *(Lamium orvala)*
Winter purslane *(Claytonia perfoliata)*
Chive *(Allium schoenoprasum)*

To us this dish is a typical mix: on one hand a mixture of fresh regional herbs, on the other based on the floating leaves of the water lilies in Asia. With their raised sides they invite to be used as a base, they seem to ask to be filled.

Ingedroogde kokosmelk

Compote van abrikoos/yuzu

Eendenlever

Kruidenboeketje:
Smalle weegbree *(Plantago lanceolata)*
Bronzen venkel *(Foeniculum vulgare 'Rubrum')*
Zilverzuring *(Rumex scutatus)*
Rode melde *(Atriplex hortensis)*
Witte pimpernel *(Sanguisorba tenuifolia)*
Rode dovenetel *(Lamium orvala)*
Winterpostelein *(Claytonia perfoliata)*
Bieslook *(Allium schoenoprasum)*

Dit gerecht is voor ons een typische mix: enerzijds een mengeling van verse kruiden eigen aan onze streek, anderzijds geïnspireerd op de drijvende bladeren van de waterlelies in Azië. Met hun opstaande randje nodigen ze uit om als basis te worden gebruikt, ze lijken wel te vragen om gevuld te worden.

Lait de coco déshydraté

Compote d'abricots/yuzu

Foie gras de canard

Bouquet de fines herbes *(herbes aromatiques)* :
Plantain étroit *(Plantago lanceolata)*
Fenouil rouge *(Foeniculum vulgare 'Rubrum')*
Oseille ronde *(Rumex scutatus)*
Arroche des jardins *(Atriplex hortensis)*
Pimprenelle à feuilles fines *(Sanguisorba tenuifolia)*
Orvale *(Lamium orvala)*
Pourpier d'hiver *(Claytonia perfoliata)*
Ciboulette *(Allium schoenoprasum)*

Pour nous, ce plat représente un mix typique : d'un côté, le mélange de fines herbes fraiches provenant de notre terroir, de l'autre, l'inspiration asiatique des feuilles de nénuphars qui flottent sur l'eau. Leur bord relevé invite à les utiliser en tant que base. On dirait qu'elles demandent à être farcies.

'Mushroom toast'

Golden chanterelle *(Cantharellus cibarius)*

Shiitake *(Lentinula edodes)*

Japanese "Shimeji" mushrooms *(Hypsizygus tessulatus)* or Bunapi shimeji

Summer Truffle

King oyster mushroom *(Pleurotus eryngii)*, dried

Flat leaf parsley *(Petroselinum crispum var. neapolitanum)*

Whipped butter with green herbs

Bound mushroom butter

'Toast champignon'

Dooierzwam *(Cantharellus cibarius)*

Shiitake *(Lentinula edodes)*

Witte beukenzwam *(Hypsizygus tessulatus)* of Bunapi shimeji

Zomertruffel

Kruisdistelzwam *(Pleurotus eryngii)*, gedroogd

Platte peterselie *(Petroselinum crispum var. neapolitanum)*

Geklopte boter met groene kruiden

Gebonden champignonboter

« Toast champignon »

Girolle *(Cantharellus cibarius)*

Shiitake *(Lentinula edodes)*

Pleurote tessellé *(Hypsizygus tessulatus)* ou Bunapi shimeji

Truffe blanche d'été

Pleurote du panicaut *(Pleurotus eryngii)*, séché

Persil plat *(Petroselinum crispum var. neapolitanum)*

Beurre battu aux herbes aromatiques vertes

Beurre lié aux champignons

Potato chips 'Sandwich'

Salad of young spring herbs

Cooked ham mousse

White Beech Mushroom *(Hypsizygus tessulatus)* or Bunapi shimeji

Truffle Cream

'Sandwich' van aardappelchips

Salade van jonge voorjaarskruiden

Mousse van gekookte ham

Witte beukenzwam *(Hypsizygus tessulatus)* of Bunapi shimeji

Truffelcrème

« Sandwich » de chips de pommes de terre

Salade de jeunes herbes aromatiques de printemps

Mousse de jambon cuit

Pleurote tessellé *(Hypsizygus tessulatus)* ou Bunapi shimeji

Crème de truffes

Roses made from veal cheek and duck liver

Caramelised apple 'Jazz'

Powder of caramelised kumquat

East Indian cress *(Tropaeolum majus)*

Roosjes van kalfswang en eendenlever

Gekonfijte appel 'Jazz'

Poeder van gekonfijte kumquat

Oost-Indische kers *(Tropaeolum majus)*

Rosettes de joues de veau et de foie gras de canard

Pomme « Jazz » confite

Poudre de kumquat confit

Grande capucine *(Tropaeolum majus)*

Dried tomato juice

Parmesan cheese pie

Chinese chives *(Allium odorum)*, one of the garlic varieties that are dear to our hearts, all Alliums are a favourite in our kitchen.

With this dish the finger food feeling dominates. Pick it up, eat it and done. It is a wink to the Japanese pebbles gardens.

Ingedroogde tomatenjus

Pastei van Parmezaanse kaas

Chinese graslook *(Allium odorum)*, een van de looksoorten die ons na aan het hart liggen. Oké, het valt niet te ontkennen, alle Alliums zijn favoriet in onze keuken.

Bij dit gerecht primeert het fingerfood-gevoel. Vastnemen, opeten en klaar. Het is een knipoog naar de Japanse keientuinen.

Jus de tomates déshydraté

Pâté de parmesan

Ciboule de Chine *(Allium odorum)* : l'une des variétés d'ail que nous aimons particulièrement. Cela dit, il faut reconnaître que notre cuisine fait la part belle à tous les Alliums.

Ce qui prime dans ce plat, c'est la sensation de finger-food (manger avec les doigts). Saisir, engloutir, se réjouir. Il s'agit ici d'un clin d'œil aux jardins de gravier japonais.

Dried tomato 'Beef heart'

Granité of lemon/yuzu

Herring

Cucumber and melon balls 'Cavaillon'

Bronze fennel
(Foeniculum vulgare 'Rubrum')

Balsamic syrup

Gedroogde tomaat 'Coeur de boeuf'

Granité van citroen/yuzu

Maatjesharing

Bolletjes komkommer en meloen 'Cavaillon'

Bronzen venkel
(Foeniculum vulgare 'Rubrum')

Balsamicosiroop

Tomate « Cœur de bœuf » séchée

Granité de citron/yuzu

Hareng « Maatjes »

Petites boules de concombre et de melon de Cavaillon

Fenouil rouge
(Foeniculum vulgare 'Rubrum')

Sirop balsamique

Sweetened toast

Banana cream

Strawberries with coconut mousse

Cuberdon sauce

Caramelised kumquat stuffed with yuzu cream and chia: *Salvia hispanica* seeds, a sage variety cultivated specially for its seeds.

Dried raspberries crumble

Lemon verbena *(Lippia citriodora)*

Gesuikerde toast

Crème van banaan

Aardbeien met mousse van kokos

Cuberdonsaus

Gekonfijte kumquat gevuld met yuzuroom en chia: zaadjes van *Salvia hispanica*, een salievariant die speciaal voor de zaadjes geteeld wordt.

Crumble van gedroogde frambozen

Citroenverbena *(Lippia citriodora)*

Toast sucré

Crème de banane

Fraises à la mousse de coco

Sauce au cuberdon

Kumquat confit fourré de crème de yuzu et de chia : graines de *Salvia hispanica*, une variété de sauge cultivée spécialement pour ses graines.

Crumble de framboises séchées

Verveine citronnée *(Lippia citriodora)*

Mango	Mango	Mangue
Coconut milk	Kokosmelk	Lait de coco
Caramelised tomato	Gekonfijte tomaat	Tomate confite
Jelly of passion fruit	Gelei van passievrucht	Gelée de fruit de la passion
Ginger jelly/green tea	Gelei van gember/groene thee	Gelée de gingembre/thé vert
Pineapple	Ananas	Ananas
Coconut marshmallow	Marshmallow van kokos	Marshmallow de noix de coco
Raspberry powder	Frambozenpoeder	Poudre de framboise
Coulis of passion fruit	Coulis van passievrucht	Coulis de fruit de la passion
Candied Jews cherry and kiwi berry	Gekonfijte jodenkers en kiwibes	Physalis et kiwaï (kiwi d'été) confits

Glazed young duck

Baked brunoise of cross thistle mushroom

Cassonade sugar crispy

Filled red/white beetroot

Coconut jelly

Turmeric jelly

Gelakkeerde jonge eend

Gebakken brunoise van kruisdistelzwam

Cassonadesuiker krokant

Ingelegde rode/witte bietjes

Gelei van kokos

Gelei van kurkuma

Jeune canard laqué

Brunoise de pleurotes du panicaut poêlés

Croquant de cassonade

Petites betteraves rouges/blanches en conserve

Gelée de noix de coco

Gelée de curcuma

Artichoke Bottom

Rock shrimp pie *(Pandalus platyceros)*

Dried aubergine, sweet potato, tomato (skin)

Berry tomato

Powder of the dried Spanish white onion and coconut

Artisjokbodem

Pastei van rotsgarnaal *(Pandalus platyceros)*

Gedroogde aubergine, bataat, tomaat (vel)

Bestomaat

Poeder van gedroogde Spaanse witte ui en kokos

Cœur d'artichaut

Pâté de crevettes tachetées *(Pandalus platyceros)*

Aubergine séchée, patate douce, tomate (peau)

Tomate groseille

Poudre d'oignon blanc d'Espagne, séché, et de coco

Calves' Sweetbreads

Yuzu muslin

Cooked ham pie, between slices of cauliflowers, butternut pumpkin, red bell peppers and the heart of broccoli

Chinese chives *(Allium odorum)*, flowers and leave

Kalfszwezerik

Yuzumousseline

Pastei van gekookte ham, tussen schijfjes bloemkool, butternutpompoen, rode paprika en merg van broccoli

Chinese graslook *(Allium odorum)*, bloemen en blad

Ris de veau

Mousseline de yuzu

Pâté de jambon cuit, entre de fines tranches de chou-fleur, de potiron, de poivron rouge et de « moelle » de brocoli

Fleurs et feuilles de ciboule de Chine *(Allium odorum)*

'The beach'

Scallops with their content in Colonnata streaky bacon

Whelks

Powder of green tea and Espelette spices

Parsley biscuit crowns

Rice crispy

'Het strand'

Petoncles met hun inhoud in Colonnata buikspek

Wulken

Poeder van groene thee en piment d'Espelette

Kroontjes van peterseliebiscuit

Rijstkrokant

« La plage »

Pétoncles avec leur contenu de lard de Colonnata

Bulots

Poudre de thé vert et piment d'Espelette

Petites couronnes de biscuit de persil

Croquant de riz

Jerusalem artichoke stuffed with tomato jam

Sliced carrot and butternut pumpkin

Turbot strips

Cooked fennel wedges

Herbs salad

Crustacean's oil

Aardpeer gevuld met confituur van tomaat

Schijfjes wortel en butternutpompoen

Goujonettes van tarbot

Partjes gekookte venkel

Kruidensalade

Olie van crustacés

Topinambour fourré de confiture de tomate

Petites rondelles de carotte et de potiron

Goujonnettes de turbot

Tranches de fenouil cuit

Salade d'herbes aromatiques

Huile de crustacés

'Hot lightning'

Potato puree
with baked apple 'Jazz'

Baked duck liver

Potato chips

'Granny Smith' apple jelly

Rolls of radish 'Green meat'
(green Misato)

Powder of Espelette spices

'Hete bliksem'

Aardappelpuree
met gebakken appel 'Jazz'

Gebakken eendenlever

Aardappelchips

Gel van appel 'Granny Smith'

Rolletjes radijs 'Green meat'
(Misato green)

Poeder van piment d'Espelette

« Ragoût de pommes et de pommes de terre »

Purée de pommes de terre avec une
pomme « Jazz » cuite

Foie gras de canard poêlé

Chips de pommes de terre

Gel de pomme « Granny Smith »

Petits rouleaux de radis 'Green meat'
(Misato green)

Poudre de piment d'Espelette

Sugar lettuce

Tartar of langoustines

Summer Truffle *(Tuber aestivum)*

Codfish

Japanese herring eggs

Narrow leaf plantain *(Plantago lanceolata)*, the leaves filled with mousse of smoked eel and the flower buds

Chicken stock with crystallised tomato

Lemon zest

Sucrinesla

Tartaar van langoustines

Zomertruffel *(Tuber aestivum)*

Kabeljauw

Japanse haringeitjes

Smalle weegbree *(Plantago lanceolata)*, de blaadjes gevuld met mousse van gerookte paling en de bloemknoppen

Pakje kippenbouillon met gekonfijte tomaat

Limoenrasp

Salade de sucrine

Tartare de langoustines

Truffe blanche d'été *(Tuber aestivum)*

Cabillaud

Œufs de harengs japonais

Plantain étroit *(Plantago lanceolata)* : farcissez les feuilles de mousse d'anguille fumée et de boutons de fleurs

Sachet de bouillon de poule avec une tomate confite

Zeste de citron vert

Giant Prawns *(Penaeus monodon)*

Mixture of baked onion, spring onion and coconut

Caramelised buddha fingers lemon *(Citrus medica var. Sarcodactylis)*: Asian citrus fruit without pips, with a thick skin and quasi no pulp and juice. Particularly known for the rich aroma of its peel which is used grated, or caramelised in very fine slices as is the case here.

Grey shrimp pie *(Crangon crangon)*

Dried Parma ham

Spring onion

Sliced mango, daikon root, butternut pumpkin, galia melon, tomato jelly

Reuzengamba *(Penaeus monodon)*

Mengeling van gebakken ui, lente-ui en kokos

Gekonfijte buddhafinger *(Citrus medica var. Sarcodactylis)*: Aziatische citrusvrucht zonder pitten, met een dikke schil en quasi geen vruchtvlees en sap. Vooral bekend om het rijke aroma van zijn schil die geraspt gebruikt wordt. Of in zeer fijne schijfjes gekonfijt zoals hier het geval is.

Pastei van grijze garnaal *(Crangon crangon)*

Gedroogde parmaham

Lente-ui

Schijfjes mango, daikonwortel, butternutpompoen, galiameloen, gelei van tomaat

Crevette géante tigrée *(Penaeus monodon)*

Mélange d'oignon frit, de jeune oignon et de noix de coco

Main de Bouddha confite : *(Citrus medica var. Sarcodactylis)* il s'agit d'un agrume asiatique sans pépins, avec une écorce épaisse et quasi sans chair ni jus. Cet agrume est surtout réputé pour la richesse aromatique de son écorce, que l'on utilise râpée ou confite en fines tranches, comme c'est le cas ici.

Pâté de crevettes grises *(Crangon crangon)*

Jambon de Parme séché

Jeune oignon

Tranches de mangue, radis blanc japonais daïkon, potiron, melon galia, gelée de tomates

Nougatine butter

Orange sugar

Caramelised bladder cherry
(Physalis alkekengi)

Lemon jelly

Green tea ice cream

Nougatineboter

Sinaasappelsuiker

Gekonfijte jodenkers
(Physalis alkekengi)

Citroengel

IJs van groene thee

Beurre de nougatine

Sucre d'orange

Physalis *(Physalis alkekengi)*
confits

Gel de citron

Glace au thé vert

Duck 'confit'

Shiitake stuffed with risotto of quinoa and green herbs.

Quinoa is the seed of our spinach related plant that grows in the Andes mountains. It is sometimes also called the rice of the Incas. In fact, contrary to what you might think this is not a cereal and does not contain gluten.

Horns of sweet potato layer with apple, cucumber and marigold *(Calendula Officinalis)*

Caramelised ginger shoots *(Zingiber chrysanthum)*: a ginger variety from the mountain forests of the Himalaya. Side shoots of the underground root stick which can be up to 1,2 meters.

Sauce of lemon and honey

East Indian cress *(Tropaleum majus)*

'Confit' van eend

Shiitake gevuld met risotto van quinoa en groene kruiden.

Quinoa is het zaad van een aan onze spinazie verwante plant die voorkomt in het Andesgebergte. Wordt ook wel eens de rijst van de Inca's genoemd. In tegenstelling tot wat je zou denken is dit geen graansoort en bevat het dus geen gluten.

Horentje van bataat-tuile met appel, komkommer en goudsbloem *(Calendula Officinalis)*

Gekonfijte gembershoots *(Zingiber chrysanthum)*: een gembersoort uit de bergbossen van de Himalaya. Zijscheuten van de ondergrondse wortelstok die tot 1,2 meter kunnen worden.

Saus van citroen en honing

Oost-Indische kers *(Tropaleum majus)*

« Confit » de canard

Shiitake fourré de risotto de quinoa et d'herbes aromatiques vertes.

Le quinoa, ce sont les graines d'une plante apparentée à nos épinards, qui pousse dans la Cordillère des Andes. On le qualifie quelquefois de « riz des Incas ». Contrairement à ce qu'on pourrait penser, le quinoa n'est pas une céréale. Par conséquent, il ne contient pas de gluten.

Tourelle de tuile de patate douce, avec de la pomme, du concombre et du souci officinal *(Calendula Officinalis)*

Pousses de gingembre confites *(Zingiber chrysanthum)* : une variété de gingembre qui pousse dans les forêts montagneuses de l'Himalaya. Les pousses latérales du rhizome souterrain peuvent atteindre jusqu'à 1,2 mètre.

Sauce de citron et de miel

Grande capucine *(Tropaeolum majus)*

Caramelised kumquat stuffed with parmesan cheese mousse

Rolls of dried Parma ham

'Willow cats' of black bamboo with lime meringue

Gekonfijte kumquat gevuld met mousse van Parmezaanse kaas

Rolletjes gedroogde parmaham

'Wilgenkatjes' van zwarte bamboe met limoenmeringue

Kumquat confit fourré à la mousse de parmesan

Petits rouleaux de jambon de Parme séché

« Chatons de saule » de bambou noir à la meringue de citron vert

'Small fritters'	'Petite friture'	« Petite friture »
Potato nests	Nestjes aardappel	Petits nids de pommes de terre
Turkish *Borek*	Börek à la turque	Börek à la turque
Chicken croquettes	Kipkroketjes	Croquettes de poulet
Romesco	Romesco	Romesco
Baked sage leaves	Gebakken salieblaadjes	Feuilles de sauge frites
Lemon and balsamic jelly	Gel van citroen en balsamico	Gel de citron et de vinaigre balsamique

Baked sea bass	Gebakken zeebaars	Bar poêlé
Seaweed salad	Zeewiersalade	Salade d'algues marines
Coconut and turmeric jelly	Gelei van kokos en kurkuma	Gelée de noix de coco et de curcuma
Red bell pepper cream	Crème van rode paprika	Crème de poivron rouge
Lime zest	Limoenrasp	Zeste de citron vert

Toasts filled with mousse of pigeon liver

The heart of cauliflowers

Baked peel of aubergine

Butternut pumpkin

Wild strawberry *(Fragaria vesca)*

Toastjes gevuld met mousse van duivenlever

Merg van bloemkool

Gebakken schil van aubergine

Butternutpompoen

Wilde bosaardbei *(Fragaria vesca)*

Petits toasts farcis à la mousse de foie de pigeon

« Moelle » de chou-fleur

Peau d'aubergine frite

Potiron

Fraises des bois sauvages *(Fragaria vesca)*

Canned Japanese sardines

Leek mousse

Tofu cream

Black radishes

Serpent garlic *(Allium sativum ophioscorodon)*: a garlic variety of pretty serpent shaped flowering stalks, and of which the cloves can be used as garlic. They are only stronger in taste. Also the flowering stalks are tender in an early stage and give a subtle garlic aroma.

Flower Buds of nasturtium *(Tropaeolum majus)*

High Mallow *(Malva sylvestris)*

Japanse sardientjes in blik

Preimousse

Tofucrème

Zwarte radijzen

Esculaapui *(Allium sativum ophioscorodon)*: een looksoort die mooie esculaapvormige bloeistengels maakt en waarvan de knolletjes kunnen worden gebruikt zoals knoflook. Ze zijn alleen heviger van smaak. Ook de bloeistengels zijn in een vroeg stadium mals en geven een subtiel lookaroma.

Bloemknoppen van Oostindische kers *(Tropaeolum majus)*

Groot kaasjeskruid *(Malva sylvestris)*

Sardines japonaises en boîte

Mousse de poireau

Crème de tofu

Radis noirs

Ail rocambole *(Allium sativum ophioscorodon)* : il s'agit d'une variété d'ail produisant de belles tiges en forme de spirale (esculape) et dont on peut utiliser les bulbes comme de l'ail classique. Ils ont juste un goût plus prononcé. A un stade précoce, les tiges aussi sont tendres et dispensent un arôme d'ail subtil.

Boutons de fleurs de grande capucine *(Tropaeolum majus)*

Grande mauve *(Malva sylvestris)*

Blackberry mousse	Mousse van braambes	Mousse de mûres
Raspberries	Frambozen	Framboises
Nougatine butter	Nougatineboter	Beurre de nougatine
Meringue	Meringue	Meringue
Raspberry Crumble	Crumble van framboos	Crumble de framboises
Raspberry sugar	Frambozensuiker	Sucre de framboise
Blackberry sorbet	Braambessensorbet	Sorbet de mûres
Large mallow *(Malva sylvestris)*	Groot kaasjeskruid *(Malva sylvestris)*	Grande mauve *(Malva sylvestris)*
Wild chicory *(Cichorium intybus)*	Wilde chicorei *(Cichorium intybus)*	Chicorée sauvage *(Cichorium intybus)*
Raspberry Coulis	Coulis van framboos	Coulis de framboises

Beef carpaccio rolls filled with Japanese herring eggs

Fresh coconut

Dried tomato

Dried jelly of beetroot, passion fruit jelly

Chervil pickings

Rolletjes rundercarpaccio gevuld met Japanse haringeitjes

Verse kokos

Gedroogde tomaat

Ingedroogde gelei van rode biet, passiegelei

Kervelpluksels

Petits rouleaux de carpaccio de bœuf fourrés d'œufs de harengs japonais

Noix de coco fraîche

Tomate séchée

Gelée déshydratée de betterave rouge, gelée de fruit de la passion

Peluches de cerfeuil

'Red Mullet'

Lightly garnished red mullet rolls

Bread crumps, baked egg, caramelised kumquat peel, sesame

Laver (Seaweed)

Chervil

Dried tomato skin

Dashi sauce

'Roodbaars'

Licht gegaarde rolletjes roodbaars

Crumble van brood, gebakken ui, gekonfijte kumquatschil, sesam

Nori

Kervel

Gedroogd tomatenvel

Dashisaus

« Rouget »

Petits rouleaux de rouget légèrement cuits

Crumble de pain, d'oignon frit, d'écorce confite de kumquat et de sésame

Nori

Cerfeuil

Peau de tomate séchée

Sauce dashi

Turmeric sauce	Kurkumasaus	Sauce de curcuma
Balls of dried infusion of lime tree and lemon verbena, filled with brandade of cod	Bolletjes ingedroogde infusie van linde en citroenverbena, gevuld met brandade van kabeljauw	Petites boules d'infusion de tilleul déshydraté et de verveine citronnée, fourrées de brandade de cabillaud
Red mullet	Roodbaars	Rouget barbet
Smoked Eastern Schelde eel	Gerookte Oosterscheldepaling	Anguille fumée de l'Escaut Oriental
Tofu	Tofu	Tofu
Lemon jelly	Citroengel	Gel de citron
Coarse salt	Grof zout	Gros sel
Pineapple sage *(Salvia elegans)*	Ananassalie *(Salvia elegans)*	Sauge ananas *(Salvia elegans)*
Chervil *(Anthriscus cerefolium)*	Kervel *(Anthriscus cerefolium)*	Cerfeuil *(Anthriscus cerefolium)*
Bird's-foot *(Ornithopus perpusillus)*	Klein vogelpootje *(Ornithopus perpusillus)*	Pied-d'oiseau délicat *(Ornithopus perpusillus)*

Potato slices caramelised in soy sauce and brown sugar

Crab

Langoustine

Coquille

Cooked ham cream

Lemon zest

Orange Peel Fungus
(Aleuria aurantia, basioniem: Peziza aurantia): a mushroom that is beautiful in colour and texture. It grows from the autumn until and including winter and requires minimal preparation, with just heating in clear butter. Interesting fact: from the fruits collected in the field of the orange peel fungus the tumour-reducing lectine is extracted in the Netherlands.

Lemon verbena *(Lippia citriodora)*

Aardappelschijfjes gekonfijt in sojasaus en bruine suiker

Krab

Langoustine

Coquille

Crème van gekookte ham

Citroenrasp

Oranje bekerzwam
(Aleuria aurantia, basioniem: Peziza aurantia): een paddenstoel die prachtig is van kleur en textuur. Hij komt voor van de herfst tot en met de winter en vraagt weinig bereiding, gewoon met geklaarde boter warm maken. Uit de in het veld verzamelde vruchtlichamen van de Grote oranje bekerzwam wordt in Nederland trouwens het tumor remmende lectine gewonnen.

Citroenverbena *(Lippia citriodora)*

Rondelles de pomme de terre confites dans de la sauce soja et du sucre brun

Crabe

Langoustine

Coquille

Crème de jambon cuit

Zeste de citron

Pézize orangée
(Aleuria aurantia, basionyme : Peziza aurantia) : ce champignon est magnifique de couleur et de texture. On le trouve en automne et en hiver. Il demande peu de préparation : il suffit de le faire chauffer dans du beurre clarifié. D'ailleurs, aux Pays-Bas, on tire la lécithine freinant les tumeurs des fructifications de grande pézaze orangée récoltées dans les champs.

Verveine citronnée *(Lippia citriodora)*

Tomato jelly balls stuffed
with edible crab

Fresh coconut

Skewer of black bamboo
with young herbs
and sand carrot

Sauce of yuzu and green apple

Bolletjes tomatengelei gevuld
met noordzeekrab

Verse kokos

Spiesje van zwarte bamboe
met jonge kruiden
en zandwortel

Saus van yuzu en groene appel

Petites boules de gelée de tomate fourrées
de crabe de la Mer du Nord

Noix de coco fraîche

Brochette de bambou noir aux jeunes
herbes aromatiques et à la carotte
de sable

Sauce de yuzu et de pomme verte

Caramel mousse

Chocolate parfait

Nut butter

Rice cream

Mango salad

Ice cream of butternut pumpkin

Moons of cacao powder,
powder of kumquat, quince pears jelly,
mango, galia melon

Mousse van karamel

Chocoladeparfait

Nootjesboter

Rijstpap

Mangosalade

IJs van butternutpompoen

Maantjes cacaopoeder,
poeder van kumquat, kweeperengelei,
mango, galiameloen

Mousse de caramel

Parfait de chocolat

Beurre de noisettes

Riz au lait

Salade de mangue

Glace de potiron

Croissants de lune en poudre de cacao,
poudre de kumquat, gelée de coing,
mangue, melon galia

Packs of salad filled with salad of rice, mango, fried bacon, sesame, ginger

Nobashi shrimp

Cream of citrus fruit

Buddha fingers zest
(Citrus medica var. Sarcodactylis)

Powder of kumquat

Olive oil and yuzu sauce

Pakjes sla gevuld met salade van rijst, mango, gebakken spek, sesam, gember

Nobashigarnaal

Crème van citrusvruchten

Rasp van buddhafinger
(Citrus medica var. Sarcodactylis)

Poeder van kumquat

Saus van olijfolie en yuzu

Touffes de laitue farcies d'une salade de riz, de mangue, de lard frit, de sésame, de gingembre

Crevette nobashi

Crème d'agrumes

Zeste de main de Bouddha
(Citrus medica var. Sarcodactylis)

Poudre de kumquat

Sauce d'huile d'olive et de yuzu

Red mullet 'friture'

Egg yoke balls with butter and chive

Biscuits of black sesame

Young spinach leaves stuffed with lemon jelly

Syrup of tarragon

Rouget 'friture'

Bolletjes eigeel met boter en bieslook

Koekjes van zwarte sesam

Jonge spinazieblaadjes gevuld met gel van citroen

Siroop van dragon

« Friture » de rouget

Petites boules de jaune d'œuf au beurre et à la ciboulette

Biscuits de sésame noir

Jeunes feuilles d'épinards fourrées de gel de citron

Sirop d'estragon

Smoked Eastern Schelde eel	Gerookte Oosterscheldepaling	Anguille fumée de l'Escaut Oriental
Norwegian lobster	Noorse kreeft	Homard bleu
Marinated coquille	Gemarineerde coquille	Coquille marinée
Japanese herring eggs	Japanse haringeitjes	Œufs de harengs japonais
Guacamole	Guacamole	Guacamole
Goat cheese	Geitenkaas	Fromage de chèvre
Parsley sauce	Peterseliesaus	Sauce de persil
Buckler sorrel *(Rumex scutatus)*	Zilverzuring *(Rumex scutatus)*	Oseille ronde *(Rumex scutatus)*
Flowers of pineapple sage *(Salvia elegans)*	Bloemen van ananassalie *(Salvia elegans)*	Fleurs de sauge ananas *(Salvia elegans)*

Norwegian lobster pie

Passion fruit jelly

Celery

Roasted onion shell

Rolls of radish 'green' and 'red meat' *(red and green Misato)* or watermelon radish. One of the radish of Chinese origin which is usually slightly larger, sometimes much larger, than our regular radish. The literal translation of the Chinese name is «a wonderful heart»: the exterior makes you think of a common turnip (white, the top 'dipped' in green or dark purple) but the inside is deep fuchsia/red, reminiscent of a watermelon. Watermelon radish, in terms of taste and texture, looks more like a daikon/rettich instead of radish. Mildly peppery with a solid bite, and less watery than radish.

Soy sauce/rice crispy with white and black sesame

Bell pepper hair

Pastei van Noorse kreeft

Gelei van passievrucht

Bleekselderij

Gebrande uischelp

Rolletjes radijs 'green' en 'red meat' *(Misato red en green)* of watermeloenradijs. Een van origine Chinese radijs die meestal iets groter is, soms veel groter, dan onze gewone radijs. De letterlijke vertaling van de Chinese naam is "prachtig hart": de buitenkant doet namelijk een saai meiraapje vermoeden (wit, de bovenkant 'gedipt' in groen of donkerpaars) maar de binnenkant is diep fuchsia/rood en doet denken aan een watermeloen. Watermeloenradijs lijkt qua smaak en textuur eerder op daikon/rettich dan op radijs. Mild peperig met een stevige beet, minder waterig dan radijs.

Sojasaus/rijstkrokant met witte en zwarte sesam

Paprikahaar

Pâte d'homard bleu

Gelée de fruit de la passion

Céleri en branches

Coquille d'oignon brûlée

Petits rouleaux de radis 'green' et 'red meat' *(Misato red et green)* ou radis pastèque. Il s'agit d'un radis originaire de Chine, qui est généralement plus grand, parfois beaucoup plus grand, que notre radis habituel. La traduction littérale du nom chinois est « cœur superbe » : en effet, l'extérieur ressemble à un navet banal (blanc et vert ou mauve foncé au sommet), mais l'intérieur est d'un fuchsia intense/rouge et évoque la pastèque. Au niveau de la saveur et de la texture, le radis pastèque ressemble plus au daïkon/raifort qu'au radis. Il est légèrement poivré, résolument croquant et il contient moins d'eau que le radis.

Sauce soja/croquette de riz au sésame blanc et noir

Filaments de poivron rouge

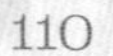

Caramelised duck leg croquette

The giant tiger prawn *(Penaeus monodon)*

Fried julienne of leeks, aubergine, red bell pepper, courgette

Tartar sauce of apple, red bell pepper, mango, courgette, capers, chive

Rice crispy with Espelette spices and pink pepper

Ginger jelly

Kroket van eendenboutconfit

Reuzengamba *(Penaeus monodon)*

Gefrituurde julienne van prei, aubergine, rode paprika, courgette

Tartaarsaus van appel, rode paprika, mango, courgette, kappertjes, bieslook

Rijstkrokant met piment d' Espelette en roze peper

Gembergel

Croquette de confit de cuisse de canard

Crevette géante tigrée *(Penaeus monodon)*

Julienne frite de poireau, d'aubergine, de poivron rouge et de courgette

Sauce tartare de pomme, de poivron rouge, de mangue, de courgette, de câpres, de ciboulette

Croquant de riz au piment d'Espelette et de poivre rose

Gel de gingembre

Rolls of marinated sea bass
stuffed with the tartar of sea bass

Spicy tomato sauce

Juice of bouchot mussels
and squid ink

Cucumber

Dark breadcrumbs

Lime skin

Rolletjes gemarineerde zeebaars
gevuld met tartaar van zeebaars

Pikante tomatensaus

Jus van bouchotmosselen
en inktvisinkt

Komkommer

Zwart broodkruim

Limoenschil

Petits rouleaux de bar mariné
fourrés de tartare de bar

Sauce tomate piquante

Jus de moules de bouchot
et encre de calamar

Concombre

Miettes de pain noir

Ecorce de citron vert

Ring of dried daikon root, marinated in an infusion of Turmeric

Baked coquilles

Tomato jam

Green apple sorbet

Sea urchin roe

Cream of ham

Lemon geranium
(Pelargonium graveolens)

Ring van gedroogde daikonwortel, gemarineerd in een infusie van kurkuma

Gebakken coquilles

Confituur van tomaat

Sorbet van groene appel

Zee-egelkuit

Crème van ham

Citroengeranium
(Pelargonium graveolens)

Anneau de radis blanc japonais/daïkon séché, mariné dans une infusion de curcuma

Coquilles poêlées

Confiture de tomates

Sorbet de pomme verte

Frai d'oursins

Crème de jambon

Pélargonium odorant
(Pelargonium graveolens)

Glazed filet of Iberian suckling pig

Packs of streaky bacon from Colonnata stuffed with black fermented garlic:
ordinary, white garlic *(Allium sativum)* that are fermented for 30 to 40 days at a temperature of 65-80 °C in a moist (70-80 %) space. The sugars and amino acids in the garlic undergo some sort of a maillard reaction (non-enzymatic darkening) that causes the black colour and the sweet taste. The structure is soft and sticky. You'll taste a more subtle form of garlic, and it won't make your breath smell of garlic. This variant is a lot healthier than its white sibling. It contains not only twice as many antioxidants, but also substances that are supposed to be anti carcinogenic.

Rolls of green cabbage

Dried king oyster mushroom

Cream of roasted onion

Fried amsoi

Gelakte filet van Iberico speenvarkentje

Pakjes Colonnata buikspek gevuld met zwarte gefermenteerde look:
gewone, witte knoflookbollen *(Allium sativum)* die men 30 tot 40 dagen bij een temperatuur van 65-80°C in een vochtige (70-80%) ruimte laat fermenteren. De suikers en aminozuren in de knoflook ondergaan daardoor een soort maillardreactie (niet-enzymatische bruinkleuring) die de zwarte kleur en de zoetige smaak veroorzaakt. De structuur is zacht en plakkerig. Je proeft een subtielere vorm van knoflook en je adem gaat er niet van ruiken. Deze variant is nog stukken gezonder dan zijn witte broertje. Hij bevat niet alleen dubbel zoveel antioxidanten, hij heeft ook stoffen die kankerwerend zouden zijn.

Rolletjes groene kool

Gedroogde kruisdistelzwam

Crème van gebrande ui

Gefrituurde amsoy

Filet laqué de cochon de lait ibérique

Paquets de lard de Colonnata farcis d'ail noir fermenté :
il s'agit de têtes d'ail blanches, classiques *(Allium sativum)*, que l'on fait fermenter 30 à 40 jours, à une température de 65 à 80 °C, dans un espace humide (70 à 80 %). Ainsi, les sucres et les acides aminés de l'ail subissent une sorte de réaction de Maillard (brunissement non-enzymatique), qui donne la couleur noire et la saveur douce sucrée. La structure de l'ail noir est tendre et collante. Il se fait plus subtil au niveau de la saveur que l'ail blanc et ne rend pas l'haleine désagréable. Cette variante est nettement plus saine que l'ail blanc. Non seulement elle contient deux fois plus d'antioxydants, mais elle possède aussi des substances qui seraient anticancéreuses.

Petits rouleaux de chou vert

Pleurote du panicaut séché

Crème d'oignon brûlé

Amsoy frit

String bean stuffed with cream of 'Colombier' cheese

Squares of dried jelly of beetroot, quince pear, passion fruit

Squares of butternut pumpkin, heart of cauliflower, Parma ham

Compote of fresh figs

Lime jelly

Snijboon gevuld met crème van 'Colombier' kaas

Vierkantjes gedroogde gelei van rode biet, kweepeer, passievrucht

Vierkantjes butternutpompoen, merg van bloemkool, parmaham

Compote van verse vijgen

Limoengel

Haricot mange-tout fourré de crème de fromage « Colombier »

Carrés de gelée séchée de betterave rouge, de coing, de fruit de la passion

Carrés de potiron, « moelle » de chou-fleur, jambon de Parme

Compote de figues fraîches

Gel de citron vert

Langoustine

Coconut jelly rolls filled with zucchini, sand carrot, butternut pumpkin

Caramelised apple 'Jazz'

Turmeric sauce

Lime quat

Langoustine

Rolletjes kokosgelei gevuld met courgette, zandwortel, butternutpompoen

Gekonfijte appel 'Jazz'

Kurkumasaus

Limequat

Langoustine

Petits rouleaux de gelée de noix de coco fourrés de courgette, de carotte de sable, de potiron

Pomme « Jazz » confite

Sauce de curcuma

Limequat

Smoked Eastern Schelde eel

Black Quinoa with preserved ginger, black sesame, butternut pumpkin

Roll of daikon root stuffed with chive and veal brains

Warm vinaigrette on the basis of apple juice and red wine vinegar

Salt flakes Añanako Gatza:
In the mountains of Northern Spain (Basque country) is a place called Gesaltza Añana. Even the Romans were already practising salt winning. The salt spring water flows out of the mountain, and is lead to a complex of wooden scaffolding through a channel. On this scaffolding the water is evaporated by the sun until sheets of salt remain. The salt is then recovered by hand. The salt layer (Diapier) is around 200 million years old. It is an unprocessed mineral rich salt with a salty taste.

Peeled lime segments and rasped

Gerookte Oosterscheldepaling

Zwarte quinoa met ingelegde gember, zwarte sesam, butternutpompoen

Rolletje daikonwortel gevuld met bieslook en kalfshersenen

Warme vinaigrette op basis van appelsap en rodewijnazijn

Zoutschilfers Añanako Gatza:
In de bergen van Noord-Spanje (Baskenland) ligt het plaatsje Gesaltza Añana. De Romeinen deden er al aan zoutwinning. Het zoute bronwater stroomt uit de berg en wordt via een kanaaltje naar een complex van houten stellages geleid. Op deze stellages wordt het water door de zon ingedampt tot er vellen zout overblijven. Het zout wordt daarna met de hand gewonnen. De zoutlaag (Diapier) is rond de 200 miljoen jaar oud. Het is een onbewerkt mineraalrijk zout met een zilte smaak.

Limoen pelé à vif en rasp

Anguille fumée de l'Escaut Oriental

Quinoa noir avec du gingembre en conserve, du sésame noir et du potiron

Petits rouleaux de radis blanc japonais/daïkon fourrés de ciboulette et de cervelles de veau

Vinaigrette chaude à base de jus de pommes et de vinaigre de vin rouge

Fleur de sel Añanako Gatza :
le lieu-dit Gesaltza Añana se situe dans les montagnes au nord de l'Espagne (le Pays Basque). Les Romains y récoltaient déjà le sel. L'eau de source salée coule de la montagne et est dirigée, par un petit canal, vers un complexe d'échafaudages en bois. Sur ces échafaudages, le soleil fait évaporer l'eau, de sorte qu'il ne reste que des pellicules de sel, que l'on récolte par la suite à la main. La couche de sel (datant du Diapir) est vieille d'environ 200 millions d'années. Il s'agit d'un sel brut, non-manufacturé, riche en minéraux, au goût saumâtre.

Citron vert pelé à vif et son zeste

Wafers of raspberries meringue
with mousse of yoghurt

Blood orange jelly balls

Blackberry mousse

Dark chocolate mousse
(Valrhona Ashanti 67%)

Cream praliné

Watermelon

Coulis of coconut milk and mango

Galette van frambozenmeringue
met mousse van yoghurt

Bolletjes gelei van bloedsinaasappel

Mousse van braambes

Mousse van zwarte chocolade
(Valrhona Ashanti 67%)

Pralinécrème

Watermeloen

Coulis van kokosmelk en mango

Galette de meringue de framboises
à la mousse de yaourt

Petites boules de gelée d'orange sanguine

Mousse de mûres

Mousse de chocolat noir
(Valrhona Ashanti 67 %)

Crème de praliné

Pastèque

Coulis de lait de coco et de mangue

Fillet of French lamb	Filet van Frans lam	Filet d'agneau français
Rolls of dried Parma ham	Rolletjes gedroogde parmaham	Petits rouleaux de jambon de Parme séché
Black olives *(Taggiasca)*	Zwarte olijfjes *(Taggiasca)*	Petites olives noires *(Taggiasca)*
Mustard seeds	Mosterdzaadjes	Graines de moutarde
Radish balls	Bolletjes radijs	Petites boules de radis
Slices of cauliflower marrow	Schijfjes bloemkoolmerg	Tranches de « moelle » de chou-fleur
Basil	Basilicum	Basilic
Rosemary sauce	Rozemarijnsaus	Sauce de romarin

Razor shell and vernis brunoise

Baked heart of cauliflower

Flowers of the Chinese witch hazel
(Hamamelis japonica × Hamamelis mollis)

Skewer of baked coquilles

Sauce of date vinegar and ponzu:
ponzu is made from mirin, rice vinegar, bonito flakes and kombu, first let it boil gently (classical dashi). After it has cooled down and has been sieved it is flavoured with one or more of the following Japanese citrus fruits: yuzu, sudachi, daidai or kabosu.

Brunoise van scheermes en vernis

Gebakken merg van bloemkool

Bloemen van toverhazelaar
(Hamamelis japonica × Hamamelis mollis)

Spiesje van gebakken coquilles

Saus van dadelazijn en ponzu:
ponzu wordt gemaakt door mirin, rijstazijn, bonitovlokken en kombu eerst even zachtjes te koken (klassieke dashi). Nadat het is afgekoeld en gezeefd wordt het op smaak gebracht met één of meer van de volgende Japanse citrusvruchten: yuzu, sudachi, daidai of kabosu.

Brunoise de couteaux et de vernis

« Moelle » de chou-fleur poêlée

Fleurs d'hamamélis
(Hamamelis japonica x Hamamelis mollis)

Brochette de coquilles frites

Sauce de vinaigre de dattes et de ponzu :
on prépare le ponzu en faisant cuire à feu doux le mirin, le vinaigre de riz, les flocons de bonito et le kombu (dashi classique). Une fois que la masse est refroidie et tamisée, on l'assaisonne d'un ou de plusieurs agrumes japonais suivants : yuzu, sudachi, daidai ou kabosu.

Veal nugget

Duxelle of Parisian mushrooms and quinoa of sliced summer truffle

Ball of spinach with rillettes of cooked bone ham

Skewer of black olives *(Taggiasca)*

White carrot

Dragon sauce

Jew's ear *(Auricularia auricula-judae)*: jew's ear is cultivated year-round in the Netherlands and Belgium, both on living and dead trees. The fungus has a preference for the elder tree, it appears especially on old or dying trunks. It thrives best on shady places with a high humidity. It is a general variant which spreads out well. Jew's ear is edible and is used a lot in the Chinese and Japanese kitchen.

Kalfsnoot

Duxelle van Parijse champignons en quinoa met schijfjes zomertruffel

Bolletje spinazie met rillettes van gekookte beenham

Spiesje zwarte olijven *(Taggiasca)*

Witte wortel

Dragonsaus

Judasoor *(Auricularia auricula-judae)*: judasoor komt het hele jaar voor in Nederland en België, zowel op levende als dode bomen. De zwam heeft een voorkeur voor de vlier, vooral op oude of afgestorven stammen komt hij vaak voor. Hij gedijt het best op schaduwrijke plaatsen met een hoge luchtvochtigheid. Het is een algemene variant die zich goed uitbreidt. Judasoor is eetbaar en wordt veel gebruikt in de Chinese en Japanse keuken.

Noisette de veau

Duxelles de champignons de Paris et quinoa aux copeaux de truffe d'été

Petites boules d'épinards avec des rillettes de jambon à l'os cuit

Brochette d'olives noires *(Taggiasca)*

Carotte blanche

Sauce d'estragon

Oreille de Judas *(Auricularia auricula-judae)* : aux Pays-Bas et en Belgique, on trouve les oreilles de Judas toute l'année, tant sur les arbres vivants que sur les arbres morts. Ce champignon a une prédilection pour le sureau. Il apparaît surtout sur ses troncs morts et croît particulièrement dans les endroits ombragés, au taux d'humidité élevé. Il s'agit d'une variante générale qui se répand bien. L'oreille de Judas est comestible. On l'utilise beaucoup dans les cuisines chinoise et japonaise.

Pigeon breast

Sliced black plum
filled with goat's cheese

Drop of Colonnata streaky bacon filled
with a stuffing of the thighs

Salsify

Spring onion

Ginger sauce

Duivenborst

Schijfjes zwarte pruim gevuld
met geitenkaas

Bolletje Colonnata buikspek gevuld
met een farce van de billetjes

Schorseneer

Lente-ui

Gembersaus

Poitrine de pigeon

Tranches de prunes noires fourrées
de fromage de chèvre

Petites boules de lard de Colonnata
fourrées d'une farce de petits gigots

Scorsonère

Jeune oignon

Sauce de gingembre

Pack made of king oyster mushroom stuffed with truffle puree

Glazed quail breasts

Romanesco cauliflower

Shiso leave

Meat sauce perfumed with honey and lemon thyme *(Thymus citriodorus)*

Pakje gemaakt van kruisdistelzwam gevuld met truffelpuree

Gelakte kwartelborstjes

Romanesco bloemkool

Shisoblad

Vleessaus geparfumeerd met honing en citroentijm *(Thymus citriodorus)*

Aumônière composée d'un pleurote du panicaut fourré de purée de truffe

Poitrines de cailles laquées

Chou romanesco

Feuille de shiso

Sauce de viande parfumée au miel et au thym citronné *(Thymus citriodorus)*

Terrine of cauliflower heart, marinated duck liver and blood orange jelly

Orange butter perfumed with sancho pepper

Rolls of fried amsoi

Yuzu jelly

Terrine van bloemkoolmerg, gemarineerde eendenlever en gelei van bloedsinaasappel

Beurre à l'orange geparfumeerd met sanchopeper

Rolletjes gefrituurde amsoy

Gel van yuzu

Terrine de « moelle » de chou-fleur, foie gras de canard mariné et gelée d'orange sanguine

Beurre à l'orange parfumé au poivre de Sichuan

Petits rouleaux d'amsoy frit

Gel de yuzu

Chinese cabbage mash

Rabbit kidneys

Dried Parma ham
with duck liver pie

Curried Crisp

Turmeric jelly and black mustard

Skewer of black bamboo
with caramelised tomato rolls

Brown juice of five kinds of sancho:
the dried berry skins of the *Zanthoxylum piperitum*, an oriental plant related to our ash.

Stoemp van Chinese kool

Konijnenniertjes

Gedroogde parmaham met pastei van eendenlever

Currykrokant

Gelei van kurkuma en zwarte mosterd

Spiesje van zwarte bamboe met rolletjes gekonfijte tomaat

Bruine jus met vijf soorten sancho:
de gedroogde bes-omhulsels van de *Zanthoxylum piperitum*, een oosterse plant verwant aan onze es.

Stoemp de chou chinois

Rognons de lapin

Jambon de Parme séché au pâté
de foie gras de canard

Croquant de curry

Gelée de curcuma et de moutarde noire

Brochette de bambou noir et rouleaux
de tomate confite

Fond brun à partir de cinq variétés
de poivre du Sichuan :
bogues séchés des baies de *Zanthoxylum piperitum*, une plante orientale apparentée au frêne chez nous.

Caramelised beef tomato stuffed
with brandade of cod

Mango

Coconut milk jelly

Tomato and red bell pepper jelly

'Woolly balls'
of chervil and chive

Orange Peel Fungus *(Aleuria aurantia)*
marinated in lemon syrup

Gekonfijte vleestomaat gevuld
met brandade van kabeljauw

Mango

Gelei van kokosmelk

Gelei van tomaat en rode paprika

'Wollebollen'
van kervel en bieslook

Oranje bekerzwam *(Aleuria aurantia)*
gemarineerd in citroensiroop

Tomate charnue confite fourrée
de brandade de cabillaud

Mangue

Gelée de lait de coco

Gelée de tomate et de poivron rouge

« Pelotes laineuses » de cerfeuil
et de ciboulette

Pézize orangée *(Aleuria aurantia)* marinée
dans du sirop de citron

Chinese cabbage rolls

Dried Parma ham

Drops of egg yoke and egg white

Puree of white carrot
(a cross between the *Daucus carota* and the wild carrot, a variety that used to be grown a lot in Flanders but that is now somewhat forgotten.)

Black sesame

Rolletjes Chinese kool

Gedroogde parmaham

Druppels eigeel en eiwit

Puree van witte wortel
(een kruising van de *Daucus carota* en de wilde peen, een soort die vroeger veel gekweekt werd in Vlaanderen maar een beetje in de vergeethoek terechtgekomen is.)

Zwarte sesam

Petits rouleaux de chou chinois

Jambon de Parme séché

Gouttes de blanc et de jaune d'œuf

Purée de carotte blanche
(un croisement de *Daucus carotta* et de carotte sauvage, une variété que l'on cultivait souvent dans le temps et qui est un peu oubliée en Flandre aujourd'hui)

Sésame noir

Authors | Auteurs | Auteurs
Arnold Hanbuckers
Karen Keygnaert

Photography | Fotografie | Photographies
Bart Van Leuven

French translation | Franse vertaling | Traduction française
Eliane Rusenblum

English translation | Engelse vertaling | Traduction anglaise
Vertaalbureau Crealingua

Final editing | Eindredactie | Rédaction définitive
Hilde Deweer en Karel Puype

Layout | Lay-out | Mise en page
Inge Van Damme

Printed by | Gedrukt door | Achevé d'imprimer sur les presses de
www.pureprint.be

With thanks to | Met dank aan | Avec l'aimable support de
Les ingrédients du monde www.ingredientsdumonde.be
Wijnen Bart Roels www.roels.be
Keramiek Martine Keirsebilck www.martinekeirsebilck.com

Published by | Een uitgave van | Une édition de
Stichting Kunstboek bvba
Legeweg 165
B-8020 Oostkamp
info@stichtingkunstboek.com
www.stichtingkunstboek.com

ISBN 978-90-5856-441-2
NUR 441, 442
D/2013/6407/24